茨城県
消防ポンプ操法の手引
全訂版

監修　茨城県立消防学校
編著　消防ポンプ操法研究会

ぎょうせい

は　じ　め　に

　世の中から火災を根絶することは，人間の生活に火が欠かせないものである以上，至難の技であるといえます。事実，毎年多くの人々の尊い生命や貴重な財産が火災によって失われています。

　地震や台風などの自然災害と違い，火災は人間のちょっとした不注意や過ちが原因となっているものがほとんどです。消防職員及び消防団員の方々は，住民の生命や財産を守り，平和な郷土を造るために，渦巻く紅蓮の炎に臆することなく敢然と立ち向かう旺盛な消防精神と，千変万化の火勢を制圧する卓越した技能，灼熱肌を焼く修羅場にあって，激務に耐えうる強靭な体力を必要とします。

　消防ポンプ操法は，このような消防活動に必要な心，技，体の基本を養うものであり，これに習熟することは，自己の安全を確保しながら自信を持って果敢に行動できる源泉となるものです。

　本書は，より効果的な消防活動を行うために，ポンプ自動車と小型ポンプの操法について，「全国消防操法大会の操法要領」を基準として写真や図解をふんだんに取り入れ，分かりやすく解説したものです。細かい点は，地域の特性に応じた肉付けをしてあります。

　本書が消防職員及び消防団員の方々の座右書として，また，操法指導用マニュアルとして，広く活用され，訓練成果と教育効果を上げていただければ，これに過ぎる喜びはございません。

　平成15年7月

消防ポンプ操法研究会

目　次

第1編　総　則

第1章　操法実施上の基本的事項 …………………………………… 1
1　目　的 …………………………………………………………………… 1
2　用語の意義 ……………………………………………………………… 1
3　実施上の基本的留意事項 ……………………………………………… 2
4　指揮者の留意事項 ……………………………………………………… 3
5　操作の姿勢，動作等 …………………………………………………… 3
6　服　装 …………………………………………………………………… 4
7　機械器具配置時の留意事項 …………………………………………… 5
8　機関員の留意事項 ……………………………………………………… 5
9　吸管補助員の留意事項 ………………………………………………… 5
10　機械器具，水利，隊員等の位置 ……………………………………… 7
11　その他 …………………………………………………………………… 11

第2編　ポンプ車操法

第1章　待機・集合等 ………………………………………………… 13
1　待　機 …………………………………………………………………… 13
2　集　合 …………………………………………………………………… 14
3　点　呼 …………………………………………………………………… 17
4　開始報告 ………………………………………………………………… 18
5　想定付与・受領 ………………………………………………………… 21
6　乗　車 …………………………………………………………………… 21
7　下　車 …………………………………………………………………… 26

第2章　第1線延長 …………………………………………………… 30
1　指揮者の操作 …………………………………………………………… 30
2　一番員の操作 …………………………………………………………… 32
3　二番員の操作 …………………………………………………………… 43

目　次

　　4　三番員の操作 …………………………………………… 54
　　5　四番員の操作 …………………………………………… 60
第3章　第2線延長 ……………………………………………… 67
　　1　指揮者の操作 …………………………………………… 67
　　2　一番員の操作 …………………………………………… 67
　　3　二番員の操作 …………………………………………… 68
　　4　三番員の操作 …………………………………………… 74
　　5　四番員の操作 …………………………………………… 81
第4章　放水中止 ………………………………………………… 85
　　1　指揮者の操作 …………………………………………… 85
　　2　一・二番員の操作 ……………………………………… 86
　　3　三番員の操作 …………………………………………… 90
　　4　四番員の操作 …………………………………………… 93
第5章　収　納 …………………………………………………… 96
　　1　指揮者の操作 …………………………………………… 96
　　2　一・二番員の操作 ……………………………………… 98
　　3　三番員の操作 …………………………………………… 101
　　4　四番員の操作 …………………………………………… 103
第6章　身体・服装の点検 ……………………………………… 108
第7章　報告・解散・撤収 ……………………………………… 110
　　1　点検報告 ………………………………………………… 110
　　2　終了報告 ………………………………………………… 111
　　3　解　散 …………………………………………………… 112
　　4　撤　収 …………………………………………………… 113
資　料 ……………………………………………………………………
　　1　注水方向（姿勢）変換 ………………………………… 115
　　2　全部の収納要領 ………………………………………… 118

　　　　第3編　小型ポンプ操法

第1章　待機・集合等 …………………………………………… 149
　　1　待　機 …………………………………………………… 149

目　次

　　2　集　合 ………………………………………………… *150*
　　3　点　呼 ………………………………………………… *153*
　　4　開始報告 ……………………………………………… *154*
　　5　想定付与・受領 ……………………………………… *157*
　　6　定　位 ………………………………………………… *157*
第2章　第1線延長 …………………………………………… *160*
　　1　指揮者の操作 ………………………………………… *160*
　　2　一番員の操作 ………………………………………… *171*
　　3　二番員の操作 ………………………………………… *180*
　　4　三番員の操作 ………………………………………… *189*
第3章　筒先員交替 …………………………………………… *196*
第4章　放水中止 ……………………………………………… *199*
　　1　指揮者の操作 ………………………………………… *199*
　　2　一番員の操作 ………………………………………… *199*
　　3　二番員の操作 ………………………………………… *204*
　　4　三番員の操作 ………………………………………… *207*
第5章　収　納 ………………………………………………… *209*
　　1　指揮者の操作 ………………………………………… *209*
　　2　一番員の操作 ………………………………………… *210*
　　3　二番員の操作 ………………………………………… *215*
　　4　三番員の操作 ………………………………………… *217*
第6章　身体・服装の点検 …………………………………… *219*
第7章　報告・解散・撤収 …………………………………… *221*
　　1　点検報告 ……………………………………………… *221*
　　2　終了報告 ……………………………………………… *222*
　　3　解　散 ………………………………………………… *223*
　　4　撤　収 ………………………………………………… *224*
資　料
　　1　注水方向（姿勢）変換 ……………………………… *225*
　　2　全部の収納要領 ……………………………………… *228*

第1編 総則

操法実施上の基本的事項

1 目 的

　この基準は，消防吏員及び消防団員の訓練における消防用機械器具の取り扱い及び操作（以下「操法」という。）の基本を定め，もって火災防ぎょの万全を期することを目的とする。

2 用語の意義

用　　　　語	意　　　　　　義
1　待　機　線	隊員があらかじめ機械器具の点検を行い，服装を整え，待機する線をいう。
2　集　合　線	操作の前後に隊員を集合させる線をいう。
3　伝令停止線	伝令員が伝達を行う際，基準となる線をいう。
4　放水停止線	筒先員が放水をする際，基準となる線をいう。
5　想　　　定	集合線において指揮者が災害の状態を仮定して情況を作為することをいう。
6　定　　　位	操法を開始する際に，あらかじめ定められた隊員が位置するところをいう。
7　前後左右	車両にあっては，その前進する方向を，小型動力ポンプその他の機械器具にあっては，隊員の前進する方向を基準とする。
8　集合指揮位置	ポンプ車操法においては，4番員の集合位置から斜め左前方5メートルで全番員を見渡せる位置，小型ポンプ操法においては，2番員の集合位置前方5メートルの位置をいう。

9	操作指揮位置	ポンプ車前方5メートル，右側方4メートルの位置をいう。
10	火点指揮位置	1番員の斜め右前方おおむね3メートルの位置をいう。
11	水　　　利	ポンプ車（小型ポンプ）の斜め右後方に設置する水を入れた仮設の水槽をいう。
12	火　　　点	標的を含む前面一帯であり，標的はその一部を示すものである。
13	標　　　的	放水の目標となるもので，有効放水測定器付のものをいう。

▽3 実施上の基本的留意事項

1　操法は，安全を確保するとともに，迅速確実に行うこと。
2　隊員は，操法に適した服装に整え，かつ斉一を期すること。
3　隊員の行動は原則として駆け足とし，動作及び操作の区切りは特に節度正しく行うこと。
4　隊員は，機械器具に精通するとともにこれの愛護に心掛け，操法実施前及び終了後には，任務分担に基づき機械器具の点検を行うこと。
5　機関員は，ポンプ運用の実践要領を体得し，機関の取り扱い及び操作に習熟すること。
6　待機線，集合線，伝令停止線及び放水停止線を標示する。なお，各線の要領は下図例示による。

第1章●操法実施上の基本的事項

停止線等の足の例示

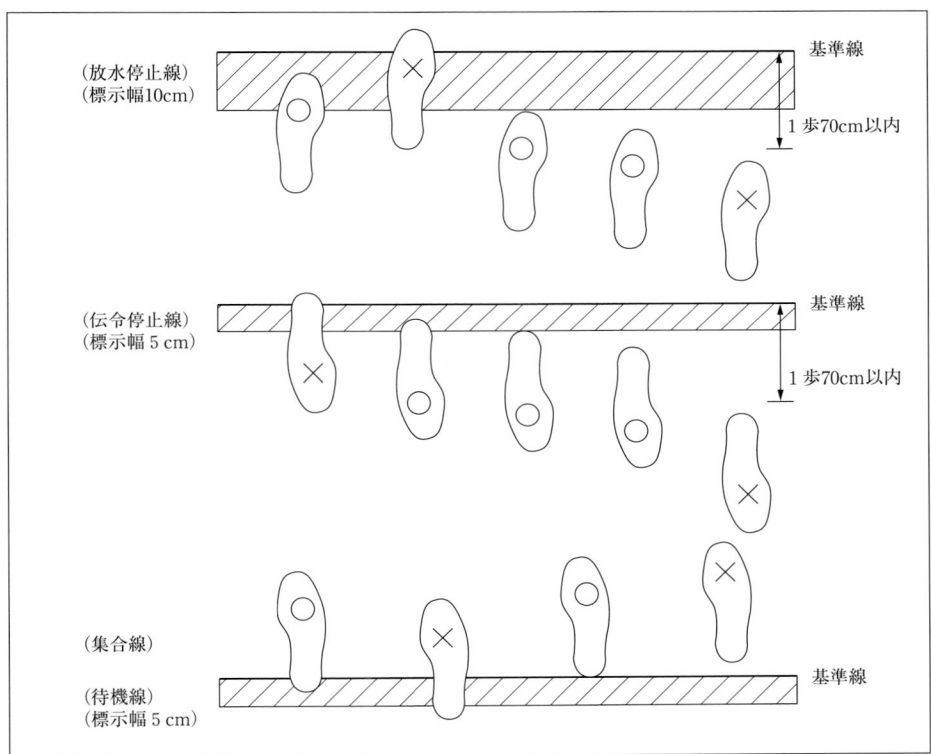

4　指揮者の留意事項

1　常に指揮に便利でかつ隊員を掌握できるところに位置すること。
2　隊員の動作及び操作を十分に監視し，必要な命令及び指示を与えること。
3　号令は明瞭に唱え，命令及び指示は，簡明適切に行って隊員に徹底させること。

5　操作の姿勢，動作等

姿勢，動作等	要　　　　領
1　立った姿勢	足を開くか，又は踏み出した姿勢をとる。

2	折りひざの姿勢	左右どちらか一方のひざを，地面に着けた姿勢をとる。
3	折りひざに準じた姿勢	ひざを地面に着けず，折った足のかかとを臀部に着けた姿勢をとる。
4	「…にいたり」	足を開くか，又は踏み出した姿勢であり，物を持っていない手は体側におろす。
5	足の向き方	左（右）足を軸に方向変換する場合は，軸足は足裏であれば良く，つま先，かかと等特に定めない。 いたりの姿勢から方向変換する場合は，両足かかとを軸とする。
6	「……停止」	基本の姿勢をとる。
7	乗車姿勢	定位に乗車し，前方を直視して姿勢を正す。
8	「ホースに沿う」	放水開始の伝達前は，ホースの左（右）おおむね30センチメートル以内とする。 放水開始の伝達後は，ホースの左（右）おおむね1メートル以内とする。
9	基本注水姿勢	右手は取っ手，左手はプレイパイプの上部を握り，握った右手を右腰にあてるようにし，筒先仰角おおむね30度（標的注水中は除く。）で保持し，左ひざを「く」の字に曲げると同時に体重を前方に置き，右足はまっすぐ伸ばして前傾姿勢をとる。
10	計器監視	基本の姿勢で頭を計器に向ける。

6 服　装

1　ヘルメット帽章が正面に来るように着帽し，あごひもはヘルメットが頭部に密着するように結着する。なお，あごひもの長い場合は端末を処理する。
2　ベルトの長さは，第1ベルト通しからおおむね3〜5センチメートル出し，バックルは身体の中央部にくるようにする。
3　作業衣等は，上衣とズボンの線が一直線になるように装着する。

4　靴ひも等は完全に結着し，ひもの端末が長い場合は，靴の中に入れる等の処理をする。
5　アウトポケットのふたは，表に出してとめる。
6　下着，靴下及び手袋は，安全管理上着用する。
7　ゼッケンは，胸部及び背部に完全に装着し，結着ひもの端末は結ぶ等の処理をする。
8　ズボンのすそは，開かないように処理する。
9　服装は，斉一を期する。

7　機械器具配置時の留意事項

1　操作中，ドアの窓ガラスは全開にしておくこと。
2　筒先は，車両後部右側及び左側にそれぞれ立てて積載する。その場合，止め金具が合わない場合又は止め金具がない場合はそのまま立てて置く。
3　枕木は，車両後部右側に置くこととし，車両からはみ出しても良い。
4　安全バンド及びシートベルトは，操作開始時，下車後共に座席シートにのせて置く。

8　機関員の留意事項

1　送水圧力は，$0.4\,\mathrm{MPa}$又は$4\,\mathrm{kgf/cm^2}$以下とすること。（指針の触れによるオーバーも認めない。ただし，真空操作時及び筒先閉鎖時は，一時的にゲージ圧力が超えてもやむを得ない。）
2　揚水操作時及び送水操作時に身体の一部が余裕ホースに触れてもやむを得ない。
3　筒先閉鎖時に著しくエンジン回転が上昇した場合は，適宜スロットルを操作して調整すること。
4　収納以前にエンジンが停止した場合は，再始動すること。
5　機関員は，収納時にホースを離脱し伸長する際に，ホースのめす金具部を折り曲げて漏水防止に努めること。

9　吸管補助員の留意事項

1　吸管補助員を1名配置すること。
2　吸管補助員は，防火水槽に投入された吸管を確保するとともに，指揮者の

「おさめ」の号令により，隊員が集合線に集まる際，支障にならないよう吸管を防火水槽から出して地面に置く。
(1) 操作開始時及び終了時の待機位置は，水槽付近とする。
(2) 吸管補助は，吸管ストレーナー部が着水後とする。
(3) 他隊員の任務に属する操作を行ってはならない。ただし，枕木取付け時は吸管を浮かせる等の補助を行っても良い（この場合，枕木の操作員が枕木を取り付けるために吸管に触れた後とする）。
(4) 収納時，吸管を引き上げる際，枕木を外す必要はない。

第１章●操法実施上の基本的事項

10　機械器具，水利，隊員等の位置

1　ポンプ車

定位

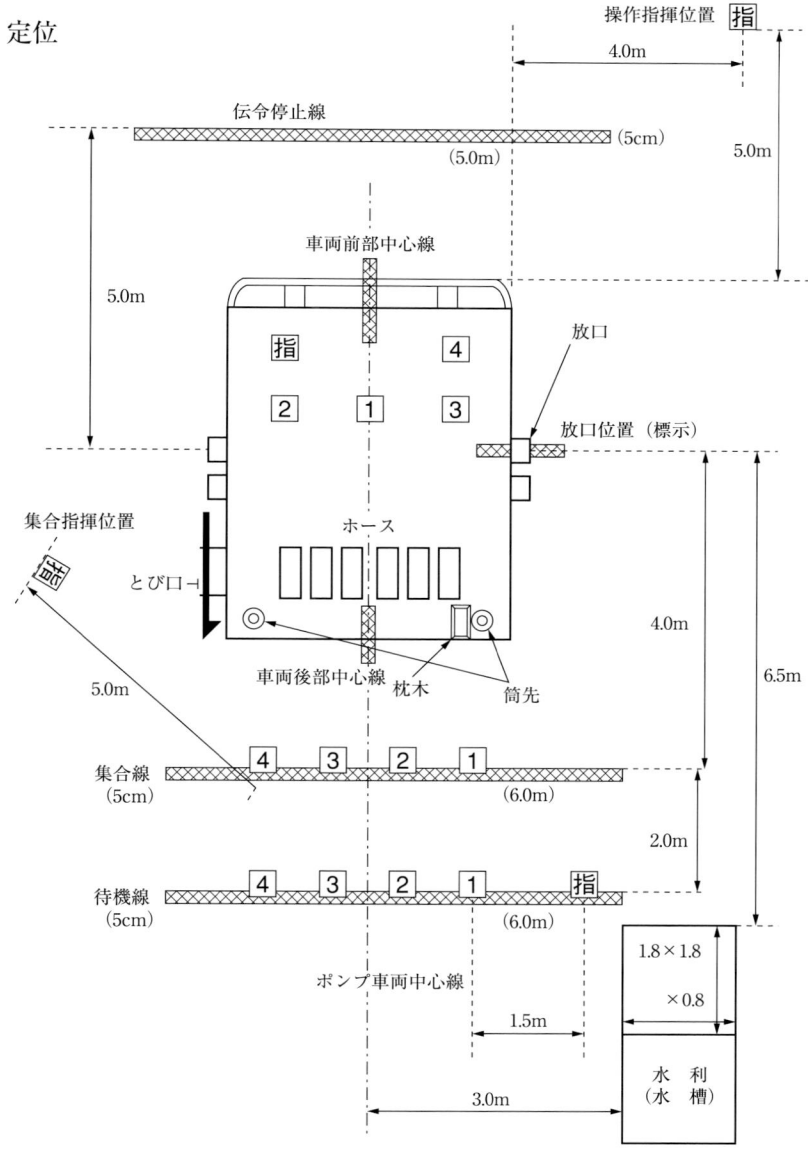

車両の前後左右

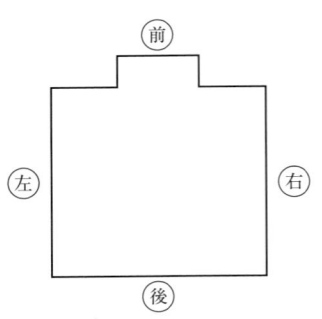

筒先各部の名称

　筒先の背負いひもは，操作員の体位等に合わせて，あらかじめ長さを調整し，ノズルは閉止しておく。

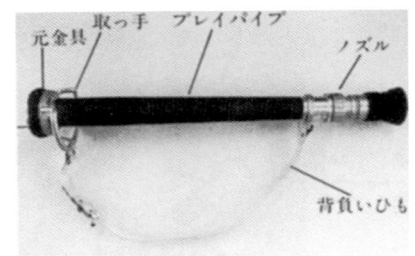

第1線延長体形図

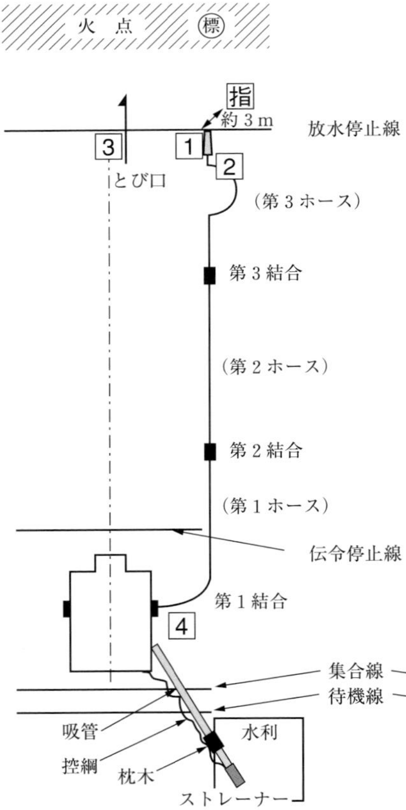

第2線延長体形図

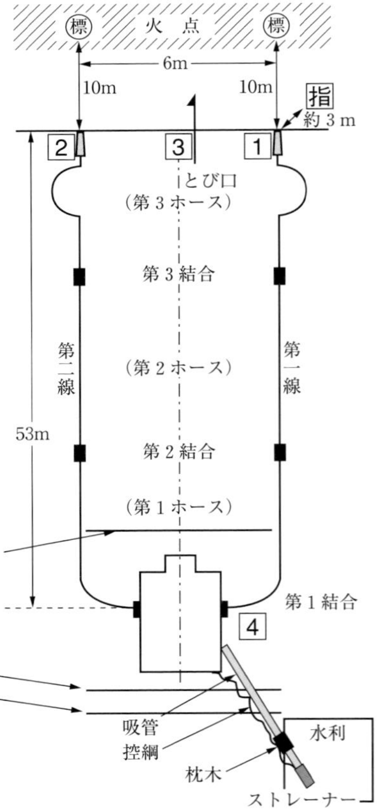

2 小型ポンプ

定位

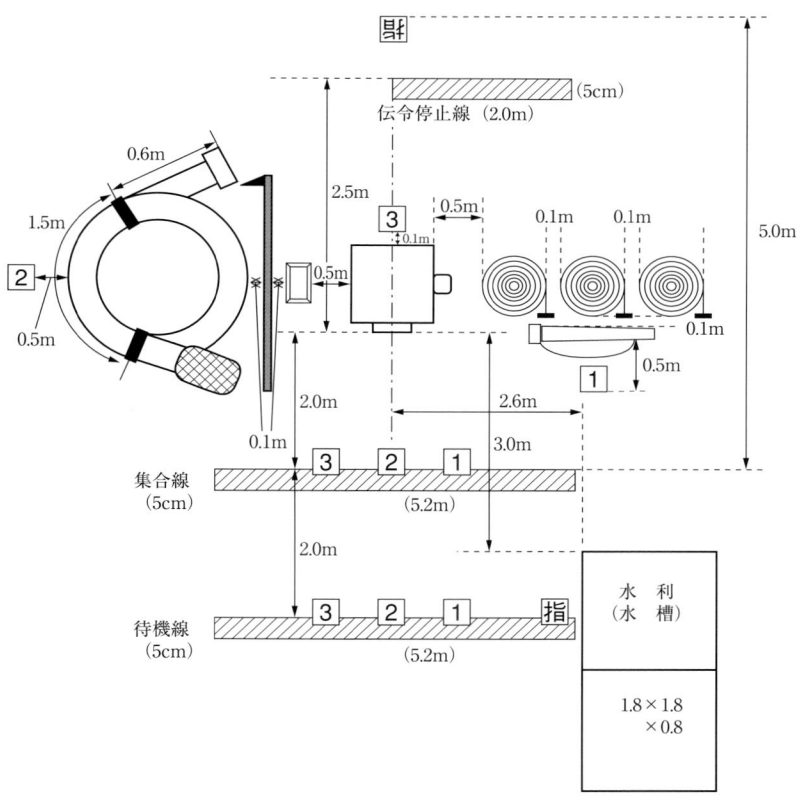

ポンプの前後左右

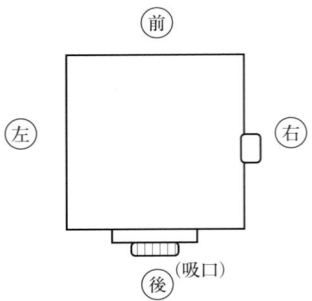

第1線延長体形図

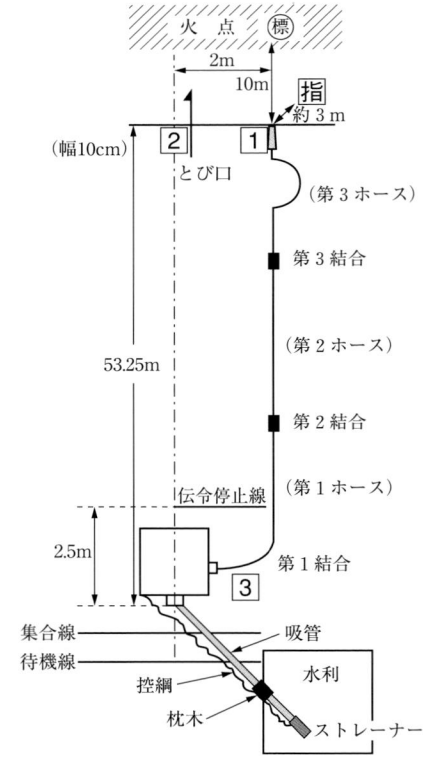

▽ その他

　解説に当たっては，できる限り写真を多く使用したが，写真はあくまでも指揮者及び各隊員のそれぞれの操作，動作を主体として撮影したため，主体者の動作と主体者以外の背景に映し出された隊員等の動きとは直接関連性がない場合もあるので，そのことを念頭において写真を見ること。

```
凡　例
指……指揮者    3……三番員
1……一番員    4……四番員
2……二番員
```

第2編 ポンプ車操法

第1章●待機・集合等

待機・集合等

① 待　機

> **指揮者**　待機線上に①の右1.5メートルの位置で,「整列休め」の姿勢で待機する。
> **各隊員**　待機線上に一列横隊の隊形で,②と③との中間がポンプ車の中央になるように整列し,その後「整列休め」の姿勢で待機する。

◆ 待機要領

1　待機線上に「整列休め」の姿勢で待機する。

　　あごをひき,目は前方を直視し,身体は動かさない。又,整列は,かかとを待機線に合わせる。(かかとを待機線内に入れる。)

2　「整列休め」の背面における手の組み方は,腰部に左手で右手の甲と4指を軽く握り親指を交差する。

▽2 集 合　＊合図「操法開始」

> **指揮者**　（合図により）基本の姿勢をとり、半ば左向けを行い、集合指揮位置の方向に向きを変え、駆け足行進の要領で発進し、集合指揮位置に左向け停止の要領で停止し「集まれ」と号令し、各隊員を集合させる。
>
> **各隊員**　指の「集まれ」の号令で基本の姿勢をとり、駆け足行進の要領で発進し、集合線上に②③との中間がポンプ車の中央になるように集合し、②を基準にして一列横隊で自発的に整とんする。（整とん要領は、①を除く各隊員は右手を腰にあて、肘を側方に張る。頭は、②は前方、①は左、③④は右に向けて整とんする。）

◆1　集合指揮位置への移動要領

1　「整列休め」の姿勢から…

2　（合図により）基本の姿勢をとり…

＊合図「操法開始」

3　集合指揮位置の方向に向きを変え…

4　足を引きつけ基本の姿勢をとり…

5　かけ足行進の要領で左足から発進し…
　　かけ足行進時の両手は自然に振る。

6　集合指揮位置に左向け停止の要領で…

7　右足に左足を引きつけて停止し…

8　両手を体側におろして基本の姿勢をとり，「集まれ」と号令する。

◆2　集合要領

1　「整列休め」の姿勢から…

2　指の「集まれ」の号令で，基本の姿勢をとり…

　　各隊員の動作は斉一を期す。

3　かけ足行進の要領で…

4　左足から第1歩を踏み出し…

　　最初の1歩は，かけ足行進の1歩の長さの基準（約80センチメートル）よりも短くなる。
　　かけ足行進時の両手は自然に振る。

第 1 章 ●待機・集合等

5 おおむね 2 歩半で集合線まで進み，左足に右足を引きつけて停止し…
    集合線内に両足かかとを入れる。

6 両手をおろして基本の姿勢をとる。

◆3 自発的整とん要領

1 ②を基準に自発的整とんを行う。
    ①は基本の姿勢のまま頭のみ②の方向に向ける。②は右手を側方に張り，前方を直視する。③④は右手を側方に張り②の方向に頭を向ける。

2 ①は，整とんが完了したと判断したら「よし」と小声で合図し，頭を正面に向け基本の姿勢をとる。
    ②③④は①の合図と同時に一斉に手をおろし，基本の姿勢をとる。

３ 点　呼

| 指揮者 | 各隊員が集合線に整列完了したら，「番号」と号令する。 |
| 各隊員 | 指の「番号」の号令で①から順次各自の番号を呼唱する。 |

1 指の号令をかける姿勢は，首を振ったり，上体を前後左右に動かさず基本の姿勢で行う。
2 各隊員の呼唱は，声量，タイミング等に斉一を期するよう留意する。

4 開始報告

指揮者 報告受領者の方向に左向けの要領で向きを変え，かけ足行進の要領で発進し，報告受領者の前方5メートルの位置で相対して停止し，挙手注目の敬礼を行い「○○消防団，ただいまからポンプ車操法を開始します。」と報告し，挙手注目の敬礼を行い，後ろ向きをして，かけ足行進の要領で発進し，集合指揮位置に戻り，各隊員に正対して停止する。

各隊員 指の開始報告中は基本の姿勢で待つ。

◆1 開始報告要領

1 基本の姿勢から…

2 報告受領者の方向に左向けの要領で向きを変え…

3 足を引きつけ，基本の姿勢をとり…

4 かけ足行進の要領で左足から発進し…

5 報告受領者前方5メートルの位置（報告受領者のかかとから指揮者のかかとまで）で報告受領者に相対して…
　　報告受領者への往復経路は最短距離を通る。

6 停止して基本の姿勢をとり…

7 挙手注目の敬礼を行い…

8 報告受領者が答礼し…

9 報告受領者が答礼を終り基本の姿勢になったら…

10 手をおろし基本の姿勢で「○○消防団,ただいまからポンプ車操法を開始します。」と報告する。
　　言語は明瞭に行う。
　　　報告後も再び挙手注目の敬礼を同じように行う。

11 報告後,後ろ向きを行い,かけ足行進の要領で発進し,左向け停止の要領で各隊員に正対して停止する。
　　　足を引きつける。

◆2　各隊員の要領

指の開始報告時は基本の姿勢で待つ。

5 想定付与・受領

> 指揮者 「火点は前方の標的，水利はポンプ車右側後方防火水槽，手びろめによる二重巻ホース1線延長」と想定を付与する。
> 各隊員 基本の姿勢で指の想定付与を受ける。

◆ 想定付与，受領姿勢

1 指は各隊員に想定を付与する場合は，基本の姿勢をくずさず言語を明瞭に言う。

2 各隊員は基本の姿勢で指の想定を受ける。

6 乗車

> 指揮者 「乗車」と号令し，ポンプ車に正対して各隊員の乗車を確認したのち，乗車する。（ポンプ車正対時期は，「乗車」の号令後，ただちに行うものとする。）
> 各隊員 指の号令で①②は，半ば左向けをし，③④は大きく右向けをして，一斉に乗車する位置に前進して停止したのち，④の「よし」の合図で乗車（乗車要領は，車両にかける最初の足を火点側の足とする）し，車両の走行に対応できる姿勢をとる。
> 　　　④は，ただちにエンジンを始動させる。

第2編●ポンプ車操法

◆1　乗車状況監視姿勢

　指は「乗車」と号令したら，直ちに半ば左向けの要領でポンプ車に正対し，各隊員の乗車状況を監視する。

◆2　指の乗車要領

1　各隊員が乗車姿勢をとった後，自己の乗車する位置に向きを変え…

2　足を引きつけて基本の姿勢をとり…

3　かけ足行進の要領で左足から発進し…

4　乗車できる位置に右向け停止の要領で停止し…

第1章●待機・集合等

5 　左手でドアの取っ手を持って開け，両手で付近の手すり等を活用して乗車する。

　　　ドアは二段階操作（少し開けて一度止め，その後全開する）で全開し，全開するまでに後方確認を行う。

　　　手すり等には，ハンドル，ドア及び屋根は含まない。

6 　取っ手を持ってドア（安全バンド）を閉め，シートベルトを着用する。

　　　ドアは二段階操作で，閉まる直前に一度止め，その後，完全に閉める。

7 　乗車姿勢

　　　車両の手すり等を順手で握り，姿勢を正して前方を直視する。

　　　手すり等がない場合は，軽く手を握り太ももの上にのせる。

◆3　各隊員の乗車要領

1 　指の「乗車」の号令で，一斉に進行方向に向きを変え…

2 　足を引きつけて基本の姿勢をとり…

3　かけ足行進の要領で…

4　左足から踏み出して発進し…

5　乗車位置に正対して停止する。
　　①②は「右向け停止」，③④は「左向け停止」の要領で停止する。

6　①②の停止姿勢

7　③④の停止姿勢

8 　各隊員が乗車位置に正対したのち、4の「よし」の合図で、取っ手を持ってドアを開け、両手で付近の手すり等を活用して乗車する。
　なお、1は左手で、34は右手でドアを開け、2は1の乗車後、乗車する。

　　4はポンプ車に正対し基本の姿勢で「よし」と合図する。
　　4の「よし」の合図後、ドアを二段階操作（少し開け一度止め、全開する）で全開し、全開するまでに後方確認を行う。
　　ドアの開閉及びシートベルト着用については、指の要領に準ずる。

9 　234は乗車後、取っ手を持ってドア（安全バンド）を閉め、シートベルトを着用する。

　　ドアは二段階操作で、閉まる直前に一度止め、その後、完全に閉める。

◆4　乗車姿勢

1 　足は床面に正しく置き、姿勢を正し、前方を直視する。

第2編●ポンプ車操法

2　4はエンジンを始動させた後，ステアリングハンドルを「10時10分型」で確実に握る。

　　　ステアリングハンドルの下部を握らない。

7　下　車

> **指揮者**　乗車後乗車姿勢をとり，ただちに「操作始め」と号令し，4の「よし」の合図で下車する。
> **1・2・3番員**　4の「よし」の合図により一斉に下車する。
> **4番員**　指の「操作始め」の号令により，各隊員の必要な操作の完了を目視確認し，サイドブレーキを引き（確認）「よし」と合図して，ポンプレバーを入れて下車する。

下車時の操作要領及び注意事項

1　指の「操作始め」の号令により，シートベルトを外し，指234は，取っ手を持ちドアを二段階操作（少し開け，後方を確認し，全開する。）で開けた後，再度，乗車姿勢をとる。
　　（ドアのない車両は，シートベルトを外し，安全バンドを外して座席に乗せる。）
2　4は，ドアの開放後，ギアチェンジ等の必要な車両は当該操作を行い，各隊員が操作を完了し，再度，乗車姿勢をとったのを目視確認し，サイドブレーキを引き（確認），ただちに「よし」と合図する。
3　飛び降り下車は安全管理上絶対に避ける。
4　下車方法は，各隊員斉一を期す。
5　指及び123は，4の「よし」の合図以前に下車行動をおこしてはならない。
6　下車後の指及び各隊員の姿勢は，火点方向か車体側を向き，足を開いた状態（いたりの姿勢）とする。

◆1 指の下車要領

1 ④の「よし」の合図により，付近の手すり等を握り，飛び降りることなく安全に下車し…

2 ドアを完全に閉め，車体側又は火点方向を向いていたり，姿勢を正す。
  ドアは，取っ手を持って二段階操作（手前で一度止め，完全に閉める。）で閉める。

火点側を向いていたる要領

◆2 ①の下車要領

1 ②の下車後，付近の手すり等を握り，飛び降りることなく安全に下車し…

2 ドアを完全に閉め，車体側又は火点方向を向いていたり，姿勢を正す。
  ドアは，取っ手を持って二段階操作（手前で一度止め，完全に閉める。）で閉める。
  火点方向を向いていたる要領は，指に準ずる。

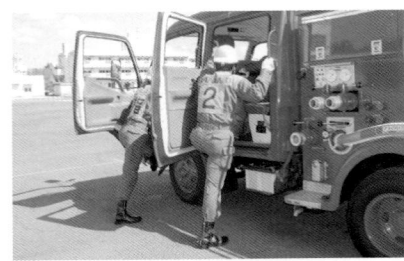

◆3　②の下車要領

1　④の「よし」の合図により，付近の手すり等を握り，飛び降りることなく安全に下車し…

2　車体側又は火点方向を向いていたり，姿勢を正す。
　　　火点方向を向いていたる要領は，指に準ずる。

◆4　③の下車要領

1　④の「よし」の合図により，付近の手すり等を握り，飛び降りることなく安全に下車し…

2　ドアを完全に閉め，火点方向又は車体側を向いていたり，姿勢を正す。
　　　ドアは，取っ手を持って二段階操作（手前で一度止め，完全に閉める。）で閉める。

火点方向を向いていたる要領

◆5　4の下車要領

1　各隊員の必要な操作（ドアの開放状況及び乗車姿勢）を目視確認後，サイドブレーキを引き（確認），ただちに「よし」と合図して…

　　目視確認は，左右後方に頭を向けて，隊員とドアの開放状況について行う。

2　ポンプレバーを入れ…

　　クラッチペダルを完全に踏み込み，ポンプレバーを完全に入れ，クラッチペダルを徐々に離す。

3　付近の手すり等を握り，飛び降りることなく安全に下車し…

4　ドアを完全に閉め，火点方向又は車体側を向いていたり，姿勢を正す。

　　ドアは，取っ手を持って二段階操作（手前で一度止め，完全に閉める。）で閉める。

　　火点方向を向いていたる要領は，3に準ずる。

第2章 第1線延長

Ⅰ 指揮者の操作

> 下車後,ただちに操作指揮位置に停止し,吸管操作及びホース延長等を監視する。つづいて②の第1ホース延長後,①に先行して火点に向かって前進し,火点指揮位置に停止して火点の状況を判断した後,左に大きく向きを変えて操作の状況を監視し,②が注水部署位置にいたり「伝達終わり」の合図後,火点方向に向きを変え,火点状況を監視する。

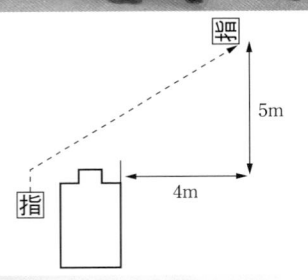

◆1 操作指揮位置への移動及び監視要領

1 火点方向に向きを変え,かけ足行進の要領で発進し…
　　火点方向を向いて下車した場合は,そのまま,かけ足行進の要領で発進する。

2 操作指揮位置に向かって最短距離を直行し,延長ホースに対して正対できるように左向け停止の要領で停止する。

3 操作の監視は,基本の姿勢で頭を適宜左右に向けて,吸管操作及びホース延長等を監視する。
　　ホース延長の妨げになる場合は,適宜移動する。移動した場合は,元の操作指揮位置に戻る必要は無い。

◆2　火点指揮位置への移動要領

1　②が第1ホースの延長後，第1ホースのおす金具を地面に置くと同時に，右に向きを変え…

　　　足はひきつけない。

2　①に先行してかけ足行進の要領で発進し，火点に前進する。

　　　操作指揮位置から火点指揮位置への移動は，自己の隊員が火点付近に至るまでに延焼状況等を判断して，筒先の部署位置を決定し，各隊員に下命する責務が内面に課せられていることを認識して，全力で移動する。

3　火点指揮位置は，①の右斜め前方おおむね3メートルの位置。

◆3　火点指揮位置における監視要領

1　火点に先行したら，火災の状況を確認し…

　　　火点指揮位置で火点に向かって基本の姿勢をとる。

2　度の深い左向けを行い…

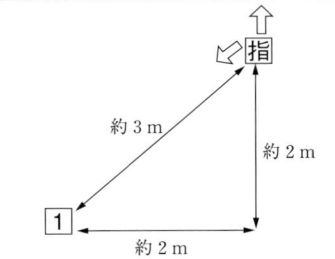

3 基本の姿勢をとり，各隊員の操作状況を監視し…
　　頭を左右に向けて監視する。

4 ②の「伝達終わり」の合図後…

5 火点方向に向きを変え，基本の姿勢で火災の状況を監視する。

② 一番員の操作

1　ホース延長
　　下車後，ポンプ車の後部にいたり，ポンプ車後部左側に積載してある筒先を背負い，積載ホース1本（第3ホース）を左肩にかつぎ，ホースを確実に保持し，第1・第2ホースの延長距離を考慮して火点に向かって前進し，第3ホース延長地点にいたり，ホースを金具が手前になるようにおろして地面に立て，展張し，おす金具を結合に便利な位置に置いたのち，筒先をおろし，左足でホースのおす金具付近を押さえ，結合して確認し，左手でノズル近くのプレイパイプを持ち，同時に右手で取っ手を握って構え，②に「放水始め」と合図し，火点に向かっておおむね15メートル前進し，おおむね5メートルの余裕ホースをとり，基本注水姿勢をとった後（1歩前進しても良い），ノズルを徐々に開き注水する。

第 2 章 ● 第 1 線延長

2 「放水始め」の合図時期
　　②が第 2 ホースを延長し，第 3 ホースに結合して基本の姿勢をとった時点で行う。

◆1　ポンプ車後部左側にいたる要領

1　下車後，ポンプ車後方に向きを変え…
　　下車時の姿勢は，火点方向又は車体側を向いていたり，姿勢を正す。（下車時の姿勢は全員斉一を期す。）

2　かけ足行進の要領で発進し…

3　ポンプ車後部左側の筒先積載位置にいたり，筒先を取り出す。
　　筒先を取り出す際，ノズルの回転部分に触れてはならない。

◆2　筒先を背負う要領

1　右手でノズル（回転部分以外），左手で背負いひもの中央部を握り…

　　右手は，ノズルの回転部分に触れてはならないがプレイパイプ上部にかかっても良い。

2　右手を頭上に…

3　左手を右腋下にして，頭及び左腕を背負いひもにくぐらせ…

4　ノズルが右肩部に…

5　元金具は左腰部になるように背負う。

　　筒先を背負った後，第3ホースをかつぐ前に姿勢を正す必要はない。

◆3　第3ホースの搬送要領

1　右手でめす金具，左手でめす金具の反対側を持って…

　　積載位置からのホースの取出し方については，両手で持って取り出せば，その持ち方は指定しない。

2　めす金具が上部斜め前方になるように左肩に乗せ，めす金具部を左手に持ち変えて保持し…

　　右手は体側に下ろす。

3　左側進行方向に向きを変え，かけ足行進の要領で発進し，ポンプ車左側を通って…

4　火点に向かって前進し，第1・第2ホースの延長距離を考慮して，第3ホース延長地点に左足前でいたり…

5　左手を前方へ下げると同時に，右手にめす金具を持ち変え，左手でめす金具の反対側を保持し，めす金具が手前になるように肩からおろし，地面に立てる。

　　回転するようにして肩からおろす。

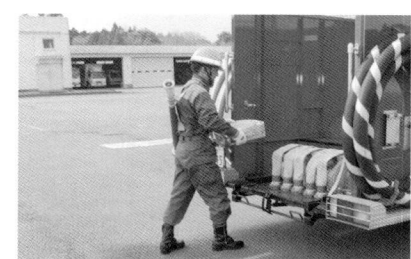

◆4　第3ホースの展張要領

1　右足でめす金具付近を押え，右手でおす金具を下方から確実に持ち…
   右足はめす金具が立たない位置を押える

2　左手はホースに添えて，展張方向を定め…
   左手親指をホース上面にかける。

3　右手のみで前方に転がすように展張し…

4　右足を離すと同時に，左足を軸に身体を右回りに反転させ…

5　同時におす金具を左足付近に置き，身体を起こしてポンプ車方向を向いて姿勢を正す。
   足は開いたまま。

◆5　筒先をおろす要領

1　左手で取っ手近くのプレイパイプを持ち，腹部付近へ移動し…

2　元金具部を腹部から頭上へ移動し…

3　背負いひもを右手で持って頭をくぐらせ…

　　背負いひもは右手で握って持つ。

4　右手でノズル（回転部分以外）を持ち，左手をプレイパイプの中央部へ移動する。
　　右手でノズルを握る際，回転部分には触れないものとし，指はプレイパイプ上部にかかっても良い。

◆6　筒先結合要領

1　左足でおす金具付近を，おす金具が上を向くように押え，筒先を結合し…

2 完全に爪がかかっているか，引いて確認する。

◆7 筒先を構える要領

1 左手をプレイパイプ上部に持ち変え…

2 右手で取っ手を握ると同時に…

3 左足をホースから離しながら右足を軸に火点側へ1歩踏み込み，火点に向かって基本注水姿勢をとる。

（基本注水姿勢）
右手は取っ手，左手はノズル近くのプレイパイプを握り，握った右手を右腰にあてるようにして仰角30度（標的注水中は除く）で保持し，体形は左足を約1歩前に踏み出し，左ひざを「く」の字に曲げると同時に体重を前方に置き，右足は放水の反動力をおさえるため，真っすぐに伸ばし前傾姿勢をとる。

◆8　筒先進入要領

1　②が基本の姿勢をとった後,「放水始め」と合図し…

2　②の「放水始め」の復唱を確認後,火点方向におおむね15メートル前進して,左足を1歩踏み出した姿勢で停止する。
　　筒先を身体から離さないように確実に保持し,展張ホース左側(約30センチメートル以内)に沿って前進する。

◆9　余裕ホースをとる要領

1　筒先を左腕と腹部で抱え込み…

2　折りひざ又は折りひざに準じた姿勢で,ホースをたぐり寄せて右手で持ち…
　　島田式におおむね5メートルたぐり寄せる

3　立ち上がると同時に右足を1歩大きく踏み出しながら…

4 半円形を描くように,周囲の状況に注意して余裕ホースを広げる。

◆10 余裕ホース整理要領

1 右手でホースを保持し…

2 右足を元に戻しながら,後方におおむね1メートル以上(2が注水補助に入る場所)の直線部分をつくり…

3 右手で取っ手を,左手でプレイパイプ上部を持ち,基本注水姿勢をとる。
　　基本注水姿勢をとった後,右足から1歩前進して左足を放水停止線に合わせても良い。

4 放水停止線を越えないように構える。
　　放水停止線の基準線(線の火点側)を左足が踏み越えないように構える。

5　余裕ホースの状況

◆11　ノズル操作要領

1　基本注水姿勢から，元金具部を右腰部より少し持ち上げ…
　　　筒先・ノズル操作時は，排水操作時を除き，前方火点を注視する。

2　右手を筒先から離さないように前方に滑らせて，プレイパイプの中央付近へ移動し…
　　　プレイパイプ中央付近とは，プレイパイプ上部を握った左手に右手が触れない位置。

3　筒先を右脇腹と右腕で完全に抱え…
　　　取っ手を含めて抱え込んでも良い。

4　つづいて，左手を筒先から離さないように前方に滑らせて…

5 ノズル（回転部分）を握り…

6 ノズルを徐々に，直状に開き…
　　反動力に注意しながら開く。

7 ノズルを開いたら，左手を筒先から離さないように後方に滑らせて，プレイパイプ上部に戻して握り…

8 つづいて，右手もプレイパイプを離さないように後方に滑らせて…

9 取っ手を握って，元金具部を右腰部に下げて戻し，基本注水姿勢をとり，注水する。
　　標的を倒した後は，筒先仰角30度に保つ。

③ 二番員の操作

1 ホース延長

　下車後，ポンプ車の後部にいたり，第２ホースを搬送に便利な位置におき，つづいて第１ホースをおおむね２メートルの余裕ホースを考慮した展張に便利な位置に搬送し，ホースの金具が手前になるように地面に立て，展張し，おす金具を折って搬送に便利な位置に置き，めす金具を両手で持ち上げ，右手で余裕ホースに配意して２メートルの余裕ホースをとったのち，再び両手で持って第１放口に結合し確認する。つづいて，第２ホースを左肩にかつぎ，さらに第１ホースのおす金具を右手に持って腰にあて，展張ホースの左側に沿って延長し，第２結合実施場所にいたり，第１ホースおす金具をその場に置き，第２ホースを肩からおろして金具が手前になるように地面に立て，展張し，第２ホースのおす金具をその場に置き，第１ホースのおす金具付近を右足で押え，第２ホースめす金具を両手で持って第１ホースと第２ホースを結合し確認する。つづいて，第２ホースおす金具を右手で持って腰にあて，展張ホース左側に沿って延長し，第３結合実施場所にいたり，第２ホースおす金具をその場に置き，第２ホースおす金具付近を右足で押え，第３ホースのめす金具を両手で持って第２ホースと第３ホースを結合し確認して，その場で火点に向かって基本の姿勢をとる。

　つづいて，①の「放水始め」を復唱し，後ろ向きをして（右足を引きつけることなく）発進し，延長ホースの左側に沿ってポンプ車方向に前進する。

2 放水開始の伝達

　伝令停止線内の位置で④に相対して停止し，右手を垂直に上げて「放水始め」と④に伝達し，④が復唱後手を下ろしたのち右手をおろし，後ろ向きをして（右足を引きつけることなく）発進し，延長ホースの左側に沿って最短距離で注水部署（①の反対側１歩後方）にいたり，「伝達終わり」と合図した後，注水補助を行う。

◆1　ポンプ車後部にいたる要領

1　下車後，ポンプ車後方に向きを変え…

　　下車時の姿勢は，火点方向又は車体側を向いていたり，姿勢を正す。(下車時の姿勢は全員斉一を期す。)

2　かけ足行進の要領で発進し…

3　ポンプ車後部のホース積載位置にいたる。

◆2　ホースをおろす要領

1　第2ホースを，右手でめす金具，左手でめす金具の反対側を持って…

　　ホースの積載位置からの取り出し方は，両手で持てば，持ち方は指定しない。

2　吸管操作に支障とならないで，かつ搬送に便利な位置に寝かせて置き…

3　第1ホースを，右手でめす金具，左手でめす金具の反対側を持って…

　　ホースの積載位置からの取り出し方は，両手で持てば，持ち方は指定しない。

4　展張に便利な位置に，めす金具が手前になるように地面に立てる。

　　3 4の吸管操作と十分タイミングを合わせた行動をとる。

展張に便利な位置

　余裕ホースを考慮して，第1放口から2メートル後方の位置。

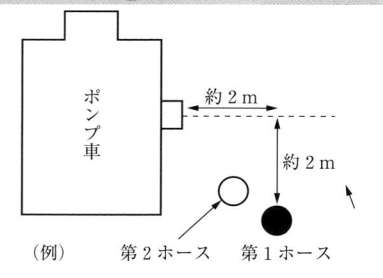

◆3　第1ホース展張要領

1　右足でめす金具付近を押え，右手でおす金具を下方から確実に持ち…
　　右足はめす金具が立たない位置を押える。

2　左手はホースに添えて，展張方向を定め…
　　左手の親指はホース上面に掛ける。

3　右手のみで前方に転がすように展張し…

4　おす金具を延長に便利な位置に，火点を向くように折って静かに置く。
　　展張したホースの右側にずらして置く。

◆4　第1結合要領

1　右足をホースから離すと同時にめす金具を両手で持ち上げたのち，右手をホースに持ち変え，引きずらないように余裕ホースに配意し…

2　第1放口のおす金具に両手で垂直に合わせて差し込んで結合し…

3　完全に爪がかかっているか，両手で引いて確認する。
　　　確認は，両手をはかま部に移動して引いて確認する。

◆5　第1ホースの延長・第2ホースの搬送要領

1　第2ホースの位置に移動し，折ひざ又は折りひざに準じた姿勢で…

2　右手でめす金具，左手でめす金具の反対側を持って…

3　めす金具が上部斜め前方になるように左肩にかつぎ，めす金具を左手に持ち変えて保持し，第1ホースのおす金具を右手に持って右腰部にあてた後，立ち上がり…
　　　離脱環が動かないように押えて持つ。

4 　展張ホースの左側に沿って延長し，火点に向かって前進し…

　　おす金具は右腰部につけたまま。
　　展張ホースのおおむね30センチメートル以内に沿う。

5 　第2結合実施場所に左足前でいたり，おす金具を静かに置く。

　　両手に物を持っている場合の止まり方は，動作の流れに沿って良い。（第2結合部のみ）

◆6　第2ホース展張要領

1 　第2ホースを静かにおろし…

　　1の第3ホースをおろす要領に準じて行う。

2 　展張し，おす金具を搬送に便利な位置に折って置く。

　　第1ホース展張要領に準じて行う。
　　おす金具を置く位置は，展張ホースの左右どちらでも良い。

◆7　第2結合要領

1 　右足で第1ホースのおす金具付近を押え，おす金具が上を向くように立て…

2　両手でめす金具を持ち，おす金具に垂直に合わせて…

3　差し込んで結合し…

4　完全に爪がかかっているか引いて確認し…
　　確認は，両手をはかま部に移動して引いて確認する。

5　右足を第1ホースから離すと同時に…
　　第1ホースの延長が蛇行している場合等は修正する。

◆8　第2ホース延長要領

1　おす金具を右手に持って，右腰部にあてた後…

2　かけ足行進の要領で発進し，展張ホースの左側に沿って延長し…
　　　展張ホースのおおむね30センチメートル以内に沿う。

3　第3結合実施場所に左足前でいたり，おす金具を静かに置く…

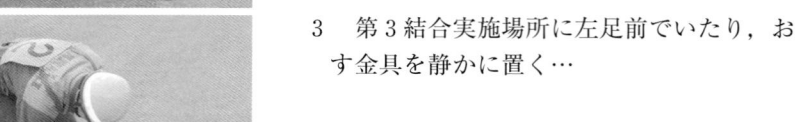

◆9　第3結合要領

1　第2ホースを延長したら，第2ホースと第3ホースを結合して，確認し…
　　　第2結合要領に準じて行う。

2　右足をホースから離すと同時に…
　　　第2ホースの延長が蛇行している場合等は修正する。

3　左足に右足を引きつけながら火点方向に向きを変え，基本の姿勢をとる。
　　　基本の姿勢をとる位置は，両足かかとが第3結合部より火点寄りとする。

◆10　伝令要領

1　①の「放水始め」を復唱してポンプ車方向に…

2　後ろ向きをして…
　　　　足はひきつけない。

3　かけ足行進の要領で発進し…

4　延長ホースの左側（約30センチメートル以内）に沿って前進し…
　　　第2結合付近から④に相対するよう最短距離を進む。

②の伝令経路（往路）

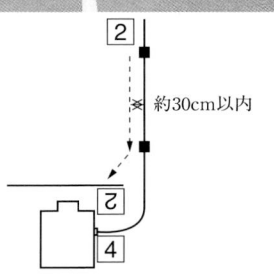

5 　放口からおおむね5メートルの位置（伝令停止線内）で停止し…

　　　伝令停止線内（かかとが基準線を越えていれば線上でも車両側に踏み越えても良い）で停止する。
　　　基準線…線の火点側

6 　4に相対して，基本の姿勢をとり…

7 　右手を垂直に上げて「放水始め」と合図し…

8 　4が復唱し，手を下ろしてから右手を下ろし，火点方向に後ろ向きをして，かけ足行進の要領で発進し…
　　　足はひきつけない。

9 　第2結合部付近まで最短距離で進み，そこからホースの左側（約1メートル以内）に沿って前進し…

②の伝令経路（復路）

10　①の反対側1歩後方に右足前でいたり，「伝達終わり」と合図する。

　　①の後方に，いたる場所がない場合は，ホースを修正して入る場所を作ってからいたる。

◆11　注水補助要領

折りひざ又は折りひざに準じた姿勢でホースを持ち上げながら前傾姿勢をとる。

　　右手で筒先側のホースを保持し，左手でポンプ車側ホースを腰部にあて，右ひざは曲げたまま体重を前方に置き，左足は，放水の反動力をおさえるためまっすぐに伸ばす。
　　又は，放水時のホースの形状に合わせ，ホースを持ち上げて反動力をおさえる形をとるが，腰部まで持ち上げなくても良い。

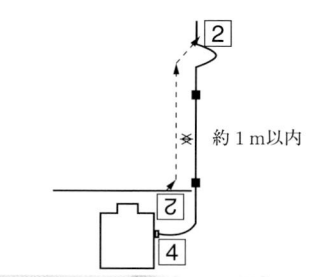

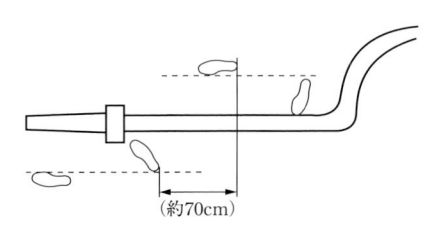

（約70cm）

④　三番員の操作

1　吸管伸張

　　下車後，ポンプ車右側の吸管積載部にいたり，近くの吸管止め金を外し，④から送り出されたストレーナー付近の吸管を両手で受け取ると同時に吸管左側に出て持ち変えながら伸長方向に向きを変え，④の送り出す吸管のよじれをとりながら引きずらないように協力して伸長する。つづいて，④の「よし」の合図で吸管投入に便利な位置まで進み，吸管をその場に置いて吸管控綱を解き，左手で吸管を，右手で控綱根元を持って立ち上がり，「よし」と合図して吸管控綱を送り出しながら④の協力で吸管を水利に投入する。

　　つづいて，吸管控綱の端末を右手に持ってポンプ車後部右側の手すりにもやい結びで結着したのち，枕木を左手に持ち枕木取付位置（吸管が水利にかかった位置）にいたり，枕木を取り付ける。

2　とび口搬送及び部署

　　枕木取り付け後，とび口積載部にいたりとび口をおろし，これを左腋下に抱えて第1線の延長ホースの左側に沿って破壊地点にいたり，とび口を構える。

◆1　吸管積載部への移動要領

　　下車後，吸管積載部の方向に向きを変え，かけ足行進の要領で発進し，吸管に面して右向け停止の要領でいたり…

◆2　吸管伸長要領

1　近くの吸管止め金を両手又は片手で確実に外し…

　　　片手で外す場合は，一方の手をその止め金のおおむね30センチメートル以内の吸管に添える。

2　4から送り出されたストレーナー付近の吸管を両手で受け取り…

3　同時に身体を右回りに回転させ…

4　吸管左側に出て吸管伸長方向に向きを変え…

　　　右手は吸管の下から，左手は吸管を左脇下に抱えるように腰部にあてて保持する。

5　吸管のよじれをとるために適宜回転させながら，引きずらないように，吸管伸長方向へ引っ張るようにして，一直線となるように伸長する。

◆3　水利への搬送要領

　吸管を両手で腹部に抱えるようにストレーナー側に体重をかけて保持し，4の「よし」の合図で，吸管投入に便利な位置まで，4と合わせて左足から2歩半進む。

　　吸管投入位置に移動する際，水利側移動方向を見て（顔を向けて）移動する。

◆4　吸管投入要領

1　吸管をその場に置き，左ひざをついた折りひざの姿勢で控綱を取外して右足付近に置き…

2　右手で控綱の根元と端末を持ち，左手で吸管を抱えるように保持して立ち上がり，「よし」と合図し，右足を半歩前に踏み出し…

3　左手を吸管から離すと同時に右手の控綱を滑らせながら…

　　吸管控綱の根元を持ったままストレーナー部を着水させても良い。

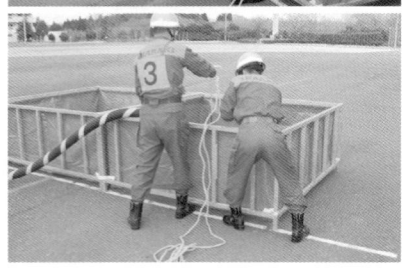

4　静かに投入する。

　　　十分に給水できる長さを投入する。
　　　吸管補助員は，ストレーナー部が着水後，吸管が水利から出ないように補助する。

◆5　控綱の結着要領

1　投入後，控綱の端末を持った右手を右腰部にあて，ポンプ車方向に向きを変え，かけ足行進の要領で発進し…

　　　控綱を持った右手は振らない。

2　吸管の左側に沿って前進し…

3　ポンプ車後部右側の控綱結着位置に左足前でいたり…

　　　控綱を持った右手は下ろさない。

4　手すりに，もやい結び及び半結びで結着し…

　　　端末はおおむね10センチメートル残す。

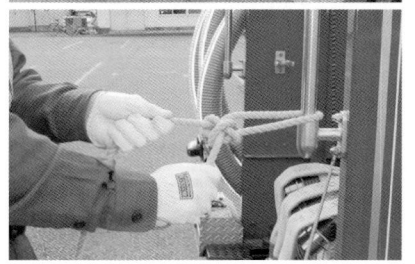

5　控綱を整理して，姿勢を正す。
　　　水利側に移動する際に障害にならないように吸管に添えて整理する。
　　　いたりの姿勢のまま姿勢を正す。

◆6　枕木の搬送，取付要領

1　適宜向きを変え，枕木を両手で取出し左腰部にあて，右手を下ろし，枕木取付位置方向に向きを変え，かけ足行進の要領で発進し…
　　　枕木を持った左手は振らない。
2　枕木取付位置に右足前でいたり，枕木を両手で持って取付ける。
　　　枕木取付けは，吸管を保護するため鋭角部に取付ける。
　＊　吸管補助員は，3が枕木を取付けるため吸管に触れた後，吸管を浮かす等の補助を行って良い。

◆7　とび口の搬送要領

1　枕木取付け後，姿勢を正し，とび口積載位置方向に向きを変え，かけ足行進の要領で発進し…
　　　足は引きつけない。

2　とび口積載位置に右向け停止の要領でいたり…

3　とび口柄の中央部付近を左手で上から持ち，右手はほぼ肩幅の間隔を下から持っておろし…

　　とび口が高い位置にある場合は，ステップに足を掛けておろしても良い。

　　両足をステップに乗せた場合は，三点で身体を支持する。

4　とび口柄の中央部付近を左手で持ち，左腋下に抱えると同時に火点方向に向きを変え，かけ足行進の要領で発進し…

　　とび先は下方に向ける。

5　第2結合部付近まで最短距離を進み，そこから延長ホースの左側（約1メートル以内）に沿って破壊地点に搬送し…

　　とび口を持った左手は振らない。

6　破壊地点に左足前でいたり，とび口を構える。

　　左手はとび口柄の中央部付近を握り，腕を真っすぐ水平に伸ばし，右手は柄の後部を約10センチメートルあけて握り右腰部にあてる。左ひざを「く」の字に曲げると同時に体重を前方に置き，右足は真っすぐに伸ばした前傾姿勢をとる。

　　とび口の長さによっては，左手の位置は柄の中央部付近をずれても良い。

破壊地点と搬送経路

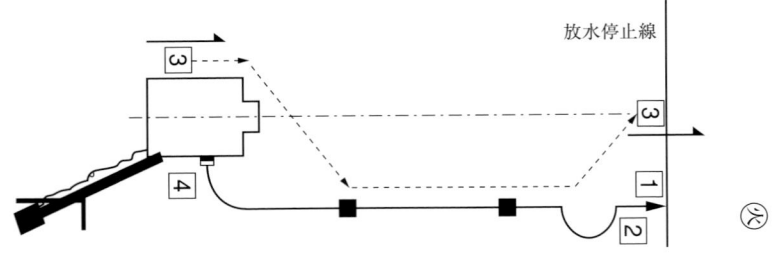

破壊地点
　ポンプ車中心の延長線上で，1の左側に並行する地点。
　放水停止線を踏み越えてはならない。
　とび口の長さによっては，左手の位置は中央部付近をずれても良い。

5　四番員の操作

1　吸管伸張
　　下車後，ポンプ車右側の吸管積載部にいたり，近くの吸管止め金を外し，ストレーナー部を両手で持って3に渡した後，吸管を積載部から取外し，よじれを取りながら送り出し，吸管伸長が終わろうとするころ吸管を離すことなく吸管中央部にいたり，吸管左側に出て吸管を腹部に持ち，ストレーナー側に重心をかけ「よし」と合図し，3と協力して3が吸管投入に便利な位置まで進み，3の投入合図の「よし」で吸管投入の補助をする。

2　送水準備
　　吸管投入補助後，吸口に面して左向け停止の要領でいたり，吸口コックを全開し，次に真空ポンプレバーを入れ計器に配意しながらスロットルを調整し揚水操作を行う。次いでポンプ車側余裕ホースに配意した後，再び第1放口側（ポンプ運用に便利な位置）で火点に向かって基本の姿勢をとり，放水開始の伝令を待つ。

3　放水開始及び送水操作
　　2の「放水始め」の伝達に右手を垂直に上げて「放水始め」と復唱し，右手を下ろして第1放口側に左足を一歩踏み出し，一方の手で放口コックを全開するまで徐々に開き，同時に計器に配意しながら他方の手でスロットル操作を行い，適正圧力を確保したのち，左足を引きつけ火点に向かって基本の姿勢をとる。

◆1　吸管積載部への移動要領

　下車後，吸管積載部の方向に向きを変え，かけ足行進の要領で発進し，吸管に面して右向け停止の要領でいたり…

◆2　吸管伸長要領

1　近くの吸管止め金を両手又は片手で確実に外し…

　　片手で外す場合は，一方の手をその止め金のおおむね30センチメートル以内の吸管に添える。

2　ストレーナー部を両手で確実に保持し，送り出して③に渡し…

　　ストレーナー部が下方に位置している車両については，適宜吸管を両手で持って③に渡して良い。

3　吸管を全部取出し，③と呼吸をあわせてよじれを取りながら一直線となるように送り出し…

4　吸管伸長が終わろうとする時点で吸管から手を離さないようにまたぎ，吸管の左側中央部に移動し…

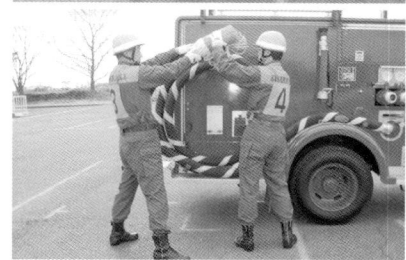

◆3 水利への搬送要領

　吸管を両手で腹部に抱えるようにストレーナー側に体重をかけて保持し,「よし」と合図し,3と呼吸を合わせて左足から小さめに2歩半進む。
　　　移動する際は,水利側移動方向を見て（顔を向けて）移動する。

◆4 吸管投入補助要領

1　3の控綱取外しを,吸管を持った姿勢で待ち…

2　3の「よし」の合図で,右足を半歩踏み出し,静かに吸管投入を補助したのち,身体を起こすと同時に両手を体側に下ろす。
　　　ストレーナー部が水面に着くまで保持する。

◆5 吸口コックを開く要領

1　吸口方向に向きを変え,かけ足行進の要領で発進し,吸管接地部分をまたいで…

2 　吸口に面して左向け停止の要領でいたり，吸口コックを両手又は片手で全開する。
　　　　片手で開く場合は，一方の手を体側につける。

◆6　揚水操作要領

1 　吸口コック操作後，両手を体側に下ろした後…

　　　吸口コックが後方にある場合：　両手を体側に下ろした後，右に向きを変え，かけ足行進の要領で発進し…

　　　ホース前方で吸口コック操作を行った場合：　左に大きく向きを変え，かけ足行進の要領で発進し…

　　　その場で揚水操作ができる場合：　移動しなくて良い。

2 　その場で適宜向きを変え…

　　　上体のみの向き変えでも良い。

　　　吸口コックが後方にある場合：　真空ポンプレバー（ボタン）とスロットルが同時に操作できる位置にいたり…

　　　ホース前方で吸口コック操作を行った場合：　ホースの接地部をまたぎ，真空ポンプレバー（ボタン）とスロットルが同時に操作できる位置にいたり…

3 計器に配意しながら真空ポンプレバー（ボタン）とスロットルを同時に操作し揚水操作を行う。
> 揚水が完了するまで揚水操作を行う。

4 揚水完了後，1歩で足を引きつけながら火点方向に向きを変え…
> ホースの前方で揚水操作を行った場合：両手を体側に下ろし，左に大きく向きを変え，かけ足行進の要領で発進し…

5 火点に向かって基本の姿勢をとる。
> ホースの前方で揚水操作を行った場合：余裕ホースの後方に右向け停止の要領で，火点に向かって基本の姿勢をとる。

◆7 余裕ホースの配意要領

右足を1歩横に開き，2が延長したポンプ側余裕ホースに配意した後…
> ホース内の水が円滑に流れるように余裕ホースラインの形状を修正する。

◆8　伝令受領姿勢

　ポンプ運用に便利な位置（計器の確認が容易で，かつ，放口コック，スロットルが操作できる位置）で右足を引きつけ，火点に向かって基本の姿勢をとり放水開始の伝令を待つ。

　　　　移動する場合は，揚水操作の移動要領に準じて行う。

◆9　伝令受領要領

　②の「放水始め」の伝達に，右手を垂直に上げ「放水始め」と復唱して受領し，手を下ろす。

　　　　「放水始め」の呼唱時期は，②が「放水始め」の呼唱を行った後行う。

◆10　送水操作

1　放口側に左足を1歩踏み出し，一方の手でスロットル，他方の手で放口コックを徐々に操作し…

　　　　放口コックは全開する。

2　送水状況と各種計器に配意しながら送水する。

　　　　送水圧力は，0.4MPa（4 kgf/cm^2）以下とする。

3 適正な圧力を確保し，かつ安定した時点（火点標的が倒れた時点）で左足を引きつけ，火点に向かって基本の姿勢をとる。

第3章 第2線延長

第2線延長

1 指揮者の操作　＊合図「第2線延長開始」

（合図により）火点監視の姿勢から①の方向に向きを変え，「第2線延長始め」と号令し，そのままの姿勢で頭を動かし①の注水及び②③④の操作状況を監視する。
③が「第2線放水始め」を④に伝達し，注水部署にいたり「伝達終わり」の合図を確認したら，火点方向に向きを変え，火点状況を監視する。

◆1　第2線延長下命要領

1　（合図により）火点監視の姿勢から①の方向に度の深い左向けを行い，「第2線延長始め」と号令する。
　　号令後は，そのままの姿勢で頭を動かし，各隊員の操作状況を監視する。

2　③の「伝達終わり」を確認して，再び火点方向に向きを変え，火点の状況を監視する。

2 一番員の操作

指の「第2線延長始め」の号令を復唱し，注水操作を続ける。

▽3　二番員の操作

1　ホース延長
　　①の「第2線延長始め」の復唱に「よし」と合図してホースを離し，ポンプ車方向に向きを変えて発進し，延長ホースの左側に沿って伝令停止線内の位置（ポンプ車前放口からおおむね5メートルの位置）で④に相対して停止し，「第2線延長」と合図する。次いで④から筒先を受け取って背負い，積載ホース1本（第3ホース）を左肩にかつぎ，第1，第2ホースの延長距離を考慮して火点に向かって前進し，第3ホース延長地点にいたり，ホースのめす金具が手前になるようにおろして地面に立て，展張し，おす金具をもったまま左足を軸に身体を右回りに反転させ，おす金具を左足近くに置き，身体を起こして筒先をおろし，左足でおす金具を押え，筒先を結合して確認し，左手でノズル近くのプレイパイプを持ち，同時に右手で取っ手を握って，右足を軸に火点側に向かって基本注水姿勢をとる。③に対し「第2線放水始め」と合図し，火点に向かっておおむね15メートル前進し，おおむね5メートルの余裕ホースをとり，基本注水姿勢をとった後，ノズルを徐々に開き注水する。

2　「第2線放水始め」の合図時期
　　③が第2ホースを延長し，第3ホースを結合して基本の姿勢をとった時点で行う。

◆1 ④への伝達要領

1 ①の「第2線延長始め」の復唱に「よし」と合図してホースを離し…

2 ポンプ車方向に向きを変え，かけ足行進の要領で延長ホースの左側に沿って前進し…

　　延長ホースのおおむね1メートル以内に沿う。

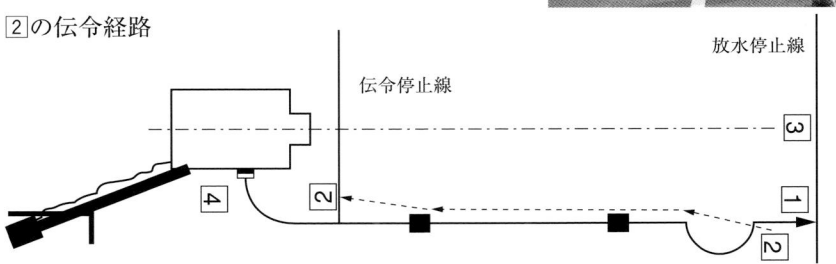

②の伝令経路

3 伝令停止線内の位置で④に相対して停止し，「第2線延長」と合図する。

　　伝令停止線内（かかとが線上でも車両側に踏み越えても良い）で停止する。

◆2　筒先受領及び背負う要領

1　4の「第2線延長」の復唱後，かけ足行進の要領で発進し，ポンプ車右側後部へ右向け停止の要領でいたり…
　　ホースは接地部分をまたぐ。

2　右手でノズル（回転部分以外），左手で背負いひも中央部を握って4から受領し…

3　第1線延長時の1の要領に準じて背負う。

◆3　第3ホースの搬送要領

1　左に向きを変え，吸管の接地部分をまたいでホース積載位置にいたり…
　　24どちらが先に移動を開始しても良い。

2　第2線第3ホースを左肩にかつぎ…
　　1のホースをかつぐ要領に準じて行う。

3　左に向きを変え，かけ足行進の要領で発進し，ポンプ車左側を通って…

4　第1・第2ホースの延長距離を考慮して火点に向かって前進し，第3ホース延長地点に左足前でいたり…

5　ホースを肩から下ろす。
　　　1のホースを下ろす要領に準じて行う。

◆4　第3ホースの展張要領

　　1のホース展張要領に準じて行う。

◆5　筒先をおろす要領

　　1の筒先をおろす要領に準じて行う。

◆6　筒先結合要領

①の筒先結合要領に準じて行う。

◆7　筒先を構える要領

①の筒先を構える要領に準じて行う。

◆8　筒先進入要領

1　③が基本の姿勢をとった後「第２線放水始め」と合図し…

2　③の「第２線放水始め」の復唱を確認後、火点方向におおむね15メートル前進し、左足を踏み出して停止する。
　　　筒先を身体から離さないように確実に保持し、展張ホースの左側（おおむね30センチメートル以内）に沿って前進する。

◆9　余裕ホースをとる要領

1　筒先を左腕と腹部で抱え込み…

2　折りひざ又は折りひざに準じた姿勢で，右手でホースをたぐり寄せて持ち…
　　　島田式におおむね5メートルたぐり寄せる。

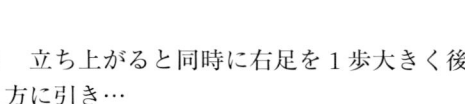

3　立ち上がると同時に右足を1歩大きく後方に引き…

4　半円形を描くようにひろげる。

◆10　余裕ホース整理要領

1　右手でホースを保持し…

2　右足を元に戻しながら後方におおむね1メートル以上（3が入るため）の直線部分を作り…

3 右手で取っ手を，左手でプレイパイプ上部を持ち，基本注水姿勢をとる。
> 基本注水姿勢をとった後，右足から1歩前進して左足を放水停止線に合わせても良い。

◆11 ノズル操作要領

1 基本注水姿勢から①の要領に準じて行う。

2 ノズルを開放後，基本注水姿勢をとる。
> 標的を倒した後，筒先仰角30度に保つ。

④ 三番員の操作

　　①の「第2線延長始め」の復唱に「よし」と呼唱して，とび口をその場に置き，ポンプ車方向に向きを変えて発進し，ホースに沿って最短距離を通ってポンプ車後部のホース積載位置にいたり，ホース1本（第2ホース）を搬送に便利な位置に置き，ついで第1ホースを展張に便利な位置に搬送し，ホースの金具が手前になるように立て，展張し，めす金具を両手で持ち上げ，余裕ホースに配意し，おおむね2メートルの余裕ホースをとった後，めす金具を両手で持って第2放口に結合し確認する。つづいて第2ホースを左肩にかつぎ，さらに第1ホースのおす金具を右手に持って腰につけた後，展張ホースの左側に沿って延長し，火点に向かって前進する。
　　第2結合実施場所にいたり，第1ホースおす金具をその場に置き，第2ホースを肩からおろして金具が手前になるように立て，展張し，第2ホースおす金具を折って搬送に便利な位置に置き，第1ホースおす金具付近を右足で押さえ，第2ホースめす金具を両手で持って，第1ホースと第2

ホースを結合し確認する。つづいて第2ホースおす金具を右手に持って腰につけた後，展張ホースの左側に沿って延長し，第3結合実施場所にいたり，第2ホースおす金具をその場に置き，第2ホースおす金具を右足で押さえ，第3ホースめす金具を両手で持って，第2ホースと第3ホースを結合し確認して火点に向かって基本の姿勢をとる。つづいて，2の「第2線放水始め」を復唱し，後ろ向きをして（足をひきつけることなく）発進し，延長ホースの左側に沿ってポンプ車方向に前進する。

第2結合部付近をまたいで4の方向に直進し，伝令停止線内の位置で4に相対して停止し，右手を垂直に上げて「第2線放水始め」と4に伝達し，4が復唱の手を下ろした後，右手を下ろし，後ろ向きをして（足をひきつけることなく）発進し，延長ホースの右側に沿って最短距離で第2線の注水部署（2の反対側1歩後方）にいたり，「伝達終り」と合図する。つづいて，向きを変えて破壊地点にいたり，再び，とび口を持って構える。

◆1　とび口を置く要領及び移動要領

1　1の「第2線延長始め」の復唱後，「よし」と合図して折りひざ又は折りひざに準じた姿勢でとび口を右側に静かに置き…

　　とび口のとび先は左向きとし，火点に対して垂直になるように置く。

2　両足はそのままで立ち上がり，姿勢を正し…

3　ポンプ車方向に向きを変え…

　　両足かかとを軸に方向変換する。

第2編●ポンプ車操法

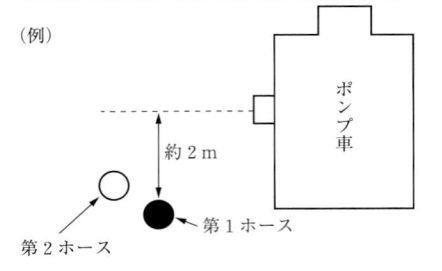

4　かけ足行進の要領で発進し，延長ホース（余裕ホース以外）の左側（おおむね1メートル以内）に沿って前進する。

　　第2結合部付近からポンプ車左側の方向へ進む。

◆2　積載ホースをおろす要領

1　ポンプ車後部のホース積載位置にいたり…

2　第2線第2ホースを搬送に便利な位置に寝かせて置き…

　　第1線延長時の②のホースをおろす要領に準じて行う。

3　第1ホースを両手で確実に保持して展張に便利な位置に搬送し，金具が手前になるように立てる。

　　第1線延長時の②のホースをおろす要領に準じて行う。

展張に便利な位置

（例）

約2m
ポンプ車
第1ホース
第2ホース

◆3　第1ホース展張要領

第1ホースを展張する。
　　②の第1線第1ホース展張要領に準じて行う。

◆4　第1結合要領

1　右足をホースから離し，めす金具を両手で持上げ，めす金具を右手に持ち，左手で余裕ホースに配意し…
　　②の第1線第1結合要領に準じて行う。

2　めす金具を両手で持って結合し，めす金具付近を引いて確認する。
　　②の第1線第1結合要領に準じて行う。

◆5　第1ホースの延長・第2ホースの搬送要領

第2ホースをかつぎ，第1ホースのおす金具を持って腰にあて第2結合実施場所に向かって前進し…
　　②の第1線第1ホースの延長・第2ホースの搬送要領に準じて行う。

◆6　第2ホース展張要領

第2ホースを展張し…
　　第1ホース展張要領に準じて行う。

◆7　第2結合要領

第1ホースと第2ホースを結合する。

　　2の第1線第2結合要領に準じて行う。

◆8　第2ホース延長要領

第2ホースのおす金具を右手に持って腰部にあて，延長する。

　　第1ホースの延長要領に準じて行う。

◆9　第3結合要領

1　第2ホースと第3ホースを結合して確認し…

　　2の第1線第3結合要領に準じて行う。

2　右足をホースから離すと同時に右足を左足に引きつけ，火点方向に向きを変え，基本の姿勢をとる。

　　姿勢を正す位置は，第3結合部より火点側とする。

◆10　伝令要領

1　2の「第2線放水始め」を復唱してポンプ車方向に…

2　後ろ向きをして…
　　　足はひきつけない。

3　かけ足行進の要領で発進し…

4　延長ホースの左側（約30センチメートル以内）に沿って前進し，伝令停止線内で4に相対して停止し，右手を垂直に上げて「第2線放水始め」と合図し…
　　　第2結合部付近をまたいで4に相対するよう最短距離を進む。

5　4が復唱し右手を下ろしてから手を下ろし，火点方向に後ろ向きをしてかけ足行進の要領で発進し，第2結合部付近から延長ホースの右側（約1メートル以内）に沿って…
　　　第1線延長時の2の伝令要領に準じて行う。

6　2の反対側1歩後方に左足前でいたり，「伝達終り」と合図する。

3の伝令経路

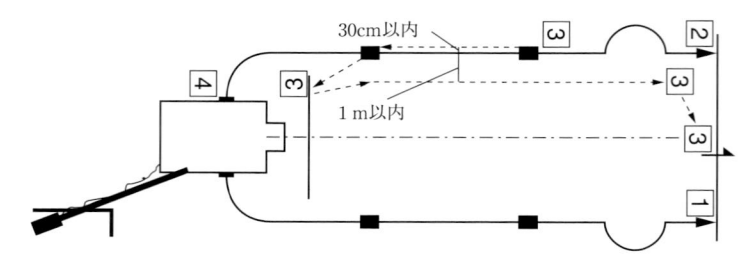

◆11 とび口を構える要領

1 筒先補助位置から破壊地点の方向に向きを変え，かけ足行進の要領で発進し…
   足は引きつけない。

2 とび口左側に左足前でいたり…

3 折りひざ又は折りひざに準じた姿勢で両手でとび口を持ち…

4 とび口を構える

第3章●第2線延長

⑤　四番員の操作

　　②の「第2線延長」の伝達に基本の姿勢で「第2線延長」と復唱し，後ろ向きをして第2線筒先積載位置にいたり，筒先を取外し，右に向きを変え②と相対して筒先を水平に渡す。つづいて③の第2線ホース延長の通過を待って第2放口側へ移動し，火点に向かって基本の姿勢をとった後，余裕ホースに配意し，再び火点に向かって基本の姿勢をとって放水開始の伝令を待つ。
　　送水要領は③の「第2線放水始め」の伝達に右手を垂直に上げて「第2線放水始め」と復唱し，右手を下ろして第2放口側に右足を1歩踏み出し，一方の手は放口コックを全開するまで徐々に開き，同時に計器に配意しながら他方の手でスロットルを操作し，適正圧力を確保した後，右足を引きつけ火点に向かって基本の姿勢をとる。③の②に対する「伝達終り」の合図を確認した後，ポンプ車前を通り第1放口側に移動し，火点に向かって基本の姿勢をとり，計器に配意しながら送水を続ける。

◆1　伝達受領要領

　②の「第2線延長」の伝達に，「第2線延長」と復唱し…

　　　　復唱時期は，②の呼唱後。
　　　　復唱は，②に相対して基本の姿勢で行う。

◆2　筒先を渡す要領

1　ポンプ車後方に後ろ向き（足は引きつけない）をして，かけ足行進の要領で発進し，吸管接地部をまたぎ…

2　第2線筒先積載位置に左足前でいたり，筒先を両手で取外して…

　　　　右手は取っ手側，左手はノズル側のプレイパイプを持って取外す。

81

3　2に相対するように向きを変え…

4　筒先を水平にして2に渡す。

◆3　第2放口側への移動時機

1　筒先を渡した後，右に向きを変え，かけ足行進の要領で発進し，吸管接地部をまたぎ，ポンプ車前部の左寄りにいたり…
　　2 4どちらが先に移動しても良い。

2　3が目の前を通過した後，延長ホースに注意して接地部分をまたぎ…
　　ポンプ車左側側面の延長線右側で，3の通過を待つ。

3　第2線ポンプ側余裕ホースの後方に，左向け停止の要領で火点に向かって基本の姿勢をとった後…

4　左足を1歩踏み出して、3が延長したポンプ車側の余裕ホースを整理し…

　　　基本の姿勢をとった後、速やかに行う。

5　計器の確認が容易でかつ放口コック、スロットルの操作ができる位置で火点に向かって基本の姿勢をとり、第2線放水開始の伝令を待つ。

◆4　伝令受領要領

3の「第2線放水始め」の伝達に、右手を垂直に上げ、「第2線放水始め」と復唱してから、右手を下ろす。

　　　伝達を受ける要領は、基本の姿勢で、かつ、3に相対して行う。

◆5　送水操作

1　放口側に右足を1歩踏み出し、一方の手で放口コックを徐々に全開し、同時に他方の手でスロットルを操作して、各種計器に配意しながら送水する。

2　適正な圧力を確保し、かつ安定した時点で右足を引きつけ、火点に向かって基本の姿勢をとる。

　　　送水圧力は、0.4MPa（4 kgf/cm^2）以下とする。
　　　安定した時点とは、火点標的が倒れた時点。

◆6　第１放口側への移動時機

3が2の後方で「伝達終り」と合図したのを確認した後，左に向きを変え，かけ足行進の要領で発進し，車前を通って第１放口側に右向け停止の要領で，火点に向かって基本の姿勢をとり，計器に配意しながら送水を続ける。

第4章●放水中止

第4章 放水中止

1 指揮者の操作 ＊合図「放水中止」

(合図により)火点監視の姿勢から1の方向に向きを変え,「放水止め」と号令し,各隊員の操作状況を監視し,3が「放水止め」の伝達後とび口を立てたのを確認して,火点方向に向きを変え鎮圧状況を監視する。

◆ 放水中止下命要領

1 (合図により)火点監視の姿勢から1の方向に度の深い左向けを行い,「放水止め」と号令する。
   号令後は,そのままの姿勢で頭を動かし,各隊員の操作状況を監視する。
2 3が「伝達終わり」と合図し,とび口を立てたのを確認した後,再び火点方向に向きを変え火点の状況を監視する。

85

② 一・二番員の操作　＊合図「排水中止」

> 指の「放水止め」の号令で基本注水姿勢からノズル操作を行って放水を中止し，「第1線放水止め」（1）並びに「第2線放水止め」（2）と順次復唱し，3が4に放水中止の伝達を終わって注水部署（第1線の注水部署と第2線の注水部署の中間地点）に戻り，「伝達終り」の合図でノズル操作を行い，ノズルを下方に向けて排水し，（合図により）ノズルを完全に閉め，「よし」と合図して筒先を右足きわに立てると同時に左足を右足に引きつけて姿勢を正す。

◆1　放水中止要領

1　指の「放水止め」の号令で，基本注水姿勢から元金具部を右腰より少し持ち上げ…
　　筒先操作中は，前方火点を注視する。

2　右手を筒先から離さないように滑らせてプレイパイプの中央付近へ移動し…
　　中央付近への移動は，右手が左手に接しない位置とする。

3　筒先を右脇腹と右腕で完全に抱え…
　　筒先の取っ手部分を抱えても良い。

第 4 章 ● 放水中止

4　左手を筒先から離さないように滑らせて
　　…

5　ノズルの回転部分を握り…

6　徐々に閉める。

7　ノズルを完全に閉めたら，左手を筒先か
　　ら離さないように滑らせてプレイパイプ上
　　部に戻して握り…

8　右手もプレイパイプを離さないように滑
　　らせて…

9　取っ手を握って腰部に下げて戻し，基本注水姿勢をとり，
　「第1線放水止め」（1）並びに「第2線放水止め」（2）と順次復唱する。

◆2　排水操作要領

1　3の「伝達終り」の合図で，元金具部を右腰より少し持ち上げ，腋下にしっかり抱え…
　　　ノズル操作要領に準じて行う。

2　筒先を確実に保持しながらノズルを徐々に開き，残圧水を抜き…
　　　残圧があるため，反動力に注意する。

3　ノズルを全開しながら，次第に筒先を下方に下げて排水し…
　　　ノズルは最大に開く。

4　排水後，（合図により）ノズルを左手で完全に閉め…
　　　＊合図「排水中止」

第 4 章●放水中止

5　左手をノズルからプレイパイプ上部に滑らせて移動し…

6　右手でノズルを握り「よし」と合図して…

7　左手をプレイパイプ中央付近に滑らせて移動し…

8　元金具部を右足きわに置き…

9　筒先を右足きわに立て，同時に左足を右足に引きつけ，火点に向かって姿勢を正す。
　　　注水口は握らないものとし，元金具部を右足きわに置いた後，ノズルを握り替えてから立ち上がっても良い。

③ 三番員の操作

　①の「第1線放水止め」及び②の「第2線放水止め」の復唱を確認した後、「よし」と合図して、とび口をその場に置き、後方に向きを変えて発進し、第1線の延長ホースの左側に沿って伝令停止線内の位置で④に相対して停止し、右手を横水平に上げて「放水止め」と伝達し、④の復唱後、右手を下ろし、後ろ向きをして（右足を引きつけることなく）発進し、第1線の延長ホースの左側に沿って注水部署（第1線の注水部署と第2線の注水部署の中間地点で①の右足かかとと②の右足かかとを結んだ線上に③の両足かかとが並ぶ位置）に停止して、「伝達終り」と合図し、左足を1歩踏み出してとび口を右足きわに立てると同時に左足を引きつけて姿勢を正す。

◆1　伝令要領

1　①②の放水中止の復唱後、とび口を構えた姿勢で「よし」と合図し…

2　折りひざ又は折りひざに準じた姿勢で、とび口を右側に静かに置き、身体を起こしてポンプ車方向に向きを変え…
　　とび口は火点に対して垂直になるように置き、とび先が左を向くように置く。

第4章●放水中止

3 かけ足行進の要領で発進し，第1線の延長ホース（余裕ホースを除く）の左側に沿って前進し…

  延長ホースのおおむね1メートル以内に沿う。
  第2結合部付近から4に相対するよう最短距離を進む。

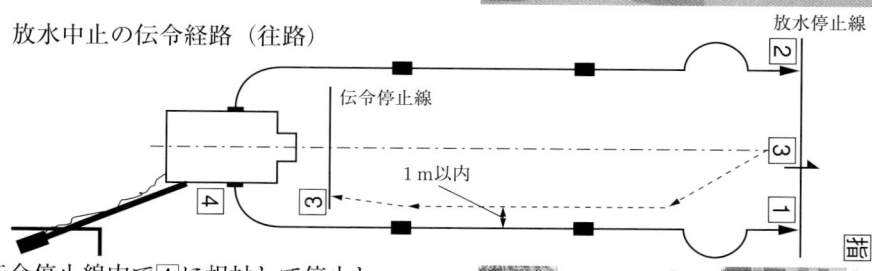

放水中止の伝令経路（往路）

4 伝令停止線内で4に相対して停止し…

  3のかかとは，伝令停止線上でも水利側に踏み越えても良い。

5 右手を横水平に上げて「放水止め」と伝達し…

6 4が復唱して手を下ろしてから右手を下ろし，火点方向に後ろ向きをして発進し，第1線延長ホースの左側（約1メートル以内）に沿って…

  足は引きつけない。

第2編●ポンプ車操法

7 ①と②の中間地点で停止し，基本の姿勢で「伝達終り」と合図する。

> ①と②の右足かかとを結んだ線上の中間地点に③の両足かかとが並ぶ位置。

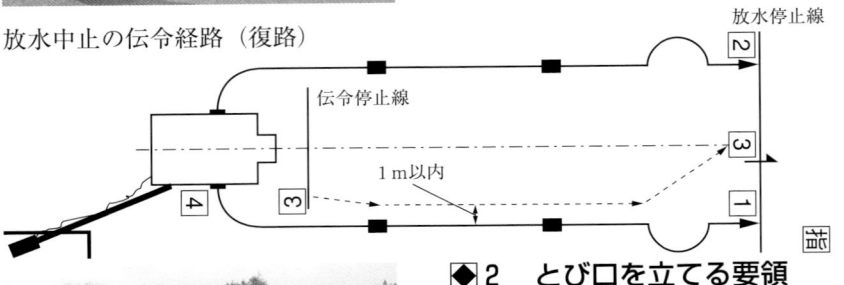

放水中止の伝令経路（復路）

◆2 とび口を立てる要領

1 左足を1歩踏み出し…

2 折りひざ又は折りひざに準じた姿勢で，右手でとび口柄の中央部付近を握り，左手を交差させてその後部に添え…

3 立ち上がりながら左手を離し，とび口を右足きわに立てると同時に左足を右足に引きつけ…

> 柄の末端は地面を引きずらないようにする。

第4章●放水中止

4　火点（前方）に向かって姿勢を正す。

④　四番員の操作

③の「放水止め」の伝達に右手を横水平に上げて「放水止め」と復唱し，右手を下ろして第1放口側に左足を1歩踏み出し，一方の手でスロットルを操作し，同時に他方の手で第1放口コックを徐々に閉める。つづいて，ポンプ車前を通って第2放口側にいたり，放口コックを徐々に閉じ，右足を引きつけ基本の姿勢をとる。つづいて，③の放水中止の「伝達終り」の合図を確認した後，再びポンプ車前を通って第1放口側に移動し，火点に向かって基本の姿勢をとる。

◆1　計器配意

放水中止により①②がノズルを閉めた時点で，各種計器に配意する。

> ノズル閉鎖に伴って，エンジン回転が著しく上昇した場合は，適宜スロットルを操作して調整すること。

◆2　伝達受領要領

③の「放水止め」の伝達に，右手を横水平に上げ「放水止め」と復唱してから手を下ろす。

> 復唱時期は，③の呼唱後。

◆3 放水中止の操作要領(第1・第2放口)

1 第1放口側に左足を1歩踏み出し,計器に配意しながら一方の手でスロットル,他方の手で第1放口コックを完全に閉める。

2 右側進行方向に向きを変え,かけ足行進の要領で発進し,ホースの接地部分をまたぎ…

　足を引きつけることなく姿勢を正してから,進行方向に向きを変える。

3 車両の前を通って,第2線余裕ホースの後方に第2放口に向いて右足前でいたり…

4 計器に配意しながら第2放口コックを徐々に閉めた後…

　スロットルは触れない。

5 右足を左足に引きつけ,火点に向かって基本の姿勢をとる。

第4章●放水中止

◆4　第1放口への移動時機

3が放水中止の「伝達終り」と合図したのを確認した後，左に向きを変え（足を引きつけることなく）かけ足行進の要領で発進し，車前を通って第1放口側余裕ホース後方に右向け停止の要領で，火点に向かって停止し，基本の姿勢をとる。

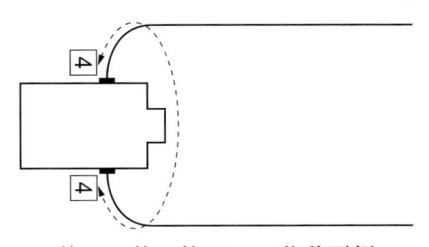

第1・第2放口への移動要領

第5章 収　納

① 指揮者の操作　＊合図「収納」

（合図により）火点監視の姿勢から①の方向に向きを変え，「おさめ」と号令し，①②が筒先を離脱し背負うのを確認した後，進行方向に向きを変え①②とともに発進し，集合指揮位置で停止し，収納状況を監視する。

◆　集合指揮位置移動要領

1　（合図により）①の方向に向きを変え「おさめ」と号令し，①②が筒先を完全に背負うのを確認し…

2　第1線の火点側余裕ホースの先端方向に向きを変え…

　　　足はひきつけない。

3　かけ足行進の要領で発進し…

4　ホースラインの右側を第2結合部をめざして前進し…
　　火点側余裕ホース先端から第2結合部をめざす直線ラインで，1の後方を進む。

5　第2結合部付近をまたぎ…

6　集合指揮位置に，集合線の方向に左向け停止の要領で停止し，収納状況を監視する。

② 一・二番員の操作

|指|の「おさめ」の号令に「よし」と呼唱し，右足でホースをまたぎ，左足で第3ホースのおす金具付近を押さえ，両手で筒先を第3ホースから離脱してこれを背負い，|指|とともに発進し，ポンプ車左側を通ってポンプ車後方にいたり，筒先を元の位置に収め集合線に集合する。

◆1　筒先離脱要領

1　|指|の「おさめ」の号令に「よし」と呼唱し，筒先を立てた姿勢から…

2　ホースのたるみ部分を伸ばし…

3　右足でホースをまたぎながら斜め右前方に大きく1歩踏み出し…

4　左足でおす金具付近を押さえ…

5　筒先を腹部と大腿部で抱えるようにして…

6　両手で離脱環を引いて筒先を離脱し，左足を離し身体を起こす。

◆2　筒先を背負う要領

　第1線及び第2線延長操作の筒先を背負う要領に準じて筒先を背負う。

◆3　筒先収納要領

1　筒先を背負った後，姿勢を正し，ポンプ車方向に向きを変え，かけ足行進の要領で発進し…

2 　①は第1線火点側余裕ホースの先端を通って，第2結合部をめざして進み…

3 　②は第2線延長ホースの右側を収納位置に向かって直進し…
　　　第2線ホースの右側を車両左側から車両後部に向かって直進する。

4 　①は第1線第2結合部付近をまたいで…

5 　ポンプ車左側を通って…

6 　ポンプ車後部の筒先収納位置にいたる。
　　　集合位置を考慮していたる。

第5章●収　納

◆4　筒先をおろす要領

1　第1線及び第2線延長操作の筒先を下ろす要領に準じて行う。

2　両手で元の位置におさめた後，足はそのままで姿勢を正し…
　　筒先は，ノズルの回転部分に触れないよう両手で収める。
　　いたりのまま姿勢を正す。

◆5　集合線移動要領

集合位置の方向に向きを変え，かけ足行進の要領で発進し，集合線上に右（左）向け停止の要領で集合する。
　　集合線内にかかとを入れる。

③　三番員の操作

指の「おさめ」の号令に「よし」と呼唱し，とび口を少し浮かし，後ろ向きをしながら左手に持ちかえて左腋下に抱え，とび口収納位置にいたり，両手でとび口収納位置に収め，集合線に集まる。

◆1　とび口収納要領

1　指の「おさめ」の号令に「よし」と呼唱し，とび口を少し浮かせ…

2　後ろ向きの要領で…

3　後ろに向きを変えると同時に，とび口柄の中央部付近を左手に持ち変えて左腋下に抱え…
　　とび口は斜め下に向けて抱え，とび先は下を向く。

4　とび口搬送姿勢に準じて，かけ足行進の要領で発進し…

5　とび口収納位置へ最短距離で前進し…

6　とび口収納位置に正対できるように，左向け停止の要領でいたり…
　　とび先が車両に触れないように注意して，両足を横に開いたいたりの姿勢で車両に正対する。

第5章 ● 収　納

7　左手でとび口柄の中央付近を順手で上から持ち，右手は肩幅の位置を逆手で下から持って…

8　とび口収納位置に確実におさめた後，足は横に開いたまま姿勢を正し，集合位置の方向に向きを変え…

◆2　集合線移動要領

　集合位置の方向に向きを変え，かけ足行進の要領で発進し，集合線上に左向け停止の要領で集合する。

　　　集合線内にかかとを入れる。

④　四番員の操作

> 指の「おさめ」の号令に「よし」と呼唱し，乗車してポンプレバーを操作し，次いでエンジンを停止したのち下車し，延長ホースの内側で第1放口のホースを離脱し，余裕ホースを伸長させ，ポンプ車前を通って第2放口にいたり，ホースを離脱して余裕ホースを伸長させた後，集合線に集まる。

◆1　乗車要領

1　指の「おさめ」の号令で「よし」と呼唱し，進行方向に向きを変え，かけ足行進の要領で発進し，ホース接地部分をまたぎ…

2　乗車位置に左向け停止の要領で車両に面していたり…
　　足を横に開いたいたりの姿勢で停止する。

3　ドア付きの車両は，ドアを2段階操作で全開し…
　　乗車時の乗車要領に準じて行う。

4　手すり等につかまり，ステップ等に足をかけて乗車し…
　　乗車要領に準じて乗車する。
　　ドア付の車両は，ドアを開放したまま操作する。

5　ポンプレバーを操作（抜く）し…
　　ポンプレバー（PTO）は，形状に合わせて操作する。
　　その他必要な操作がある場合は操作する。

6　エンジンを停止させる。

◆2　下車要領

1　エンジン停止後，下車要領に準じて下車し…

　　下車位置の安全を確認し，手すり等を活用して下車する。

2　足を横に開いた状態で下車し，ドアを閉める。

　　下車姿勢は，火点側を向いた姿勢，又は，ポンプ車側を向いた姿勢。

◆3　第1線側ホース（第1放口）離脱

1　下車後，第1放口側に向きを変え…

2　かけ足行進の要領で発進し，第1放口余裕ホースの内側にいたり…

3　両手で離脱環を手前に引いて，ホースを離脱する。

◆4　余裕ホースの伸長要領

1　離脱後，めす金具を両手で保持し…

2　余裕ホースがおおむね一直線になるように伸長し…

3　めす金具及びその付近を両手で静かに置き，身体を起こす。
　　残水が漏れないように，めす金具付近を折り返して置く。

◆5　第2線側ホース（第2放口）の離脱要領

1　ポンプ車右前方に向きを変え，かけ足行進の要領で発進し…

第 5 章 ● 収　納

2　ポンプ車前を通って…

　　ポンプ車に触れないようにして，最短距離を通る。

3　第 2 放口側余裕ホースの内側にいたり…

4　両手で離脱環を手前に引いて離脱し，余裕ホースを伸長した後…

　　残水が漏れないように，めす金具付近を折り返して置く。

5　身体を起こし，集合位置の方向に向きを変え，かけ足行進の要領で発進し，集合線上に左向け停止の要領で集合する。

各操作員の収納経路

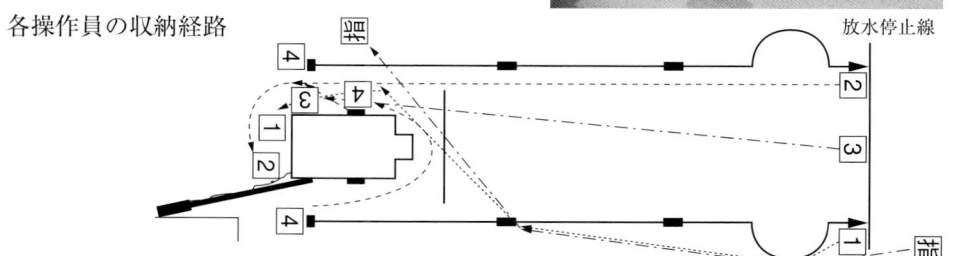

第2編 ポンプ車操法

第6章 身体・服装の点検

身体・服装の点検

> **指揮者** 各隊員の収納操作終了後,集合指揮位置で,負傷の有無及び服装の乱れを点検し整える。
> **各隊員** 使用資器材の収納操作終了後,集合線上で,負傷の有無及び服装の乱れを点検し整える。

◆1 点検の時機

1 指揮者は,最終番員が集合線に入った後,服装点検を実施する。
2 各隊員は,集合線上に入り基本の姿勢をとった後,服装点検を実施する。

◆2 点検要領

1 負傷の有無並びに服装の乱れを点検し,整える。
　ヘルメット
　　　曲がり,あごひも等

2 ゼッケン
　　　曲がり,結着ひも等

3 　上衣
　　　ボタン，だぶつき等

4 　ズボン
　　　バンド，ボタン等

5 　くつ
　　　くつひも等

◆3　整頓要領

1 　各隊員はそれぞれ，服装点検終了後基本の姿勢をとり，最後の隊員が服装点検を終了したら…

2 　1 3 4 が 2 を基準に，自発的整とんを行う。
　　　整とん要領は「集合」時の要領に準じて行う。
　　　整とん時，1 が小声で合図を出しても良い。

第2編●ポンプ車操法

第1章 報告・解散・撤収

1 点検報告

指揮者 各隊員が自発的整とん後,「点検報告」と号令し, 各隊員の点検結果の報告に対しそれぞれ「よし」と呼唱して受領する。
各隊員 指の「点検報告」の号令で1から4まで順次指に相対し, 基本の姿勢で「○番員異常なし」と報告する。

◆1 点検報告受領要領

指揮者は, 各隊員が自発的整頓後, 基本の姿勢をとった後,「点検報告」と号令し, 各隊員の結果報告に対し,「よし」と呼称する。

◆2 点検報告要領

1　指の「点検報告」の号令で, 1から順に指の方向に左向けの要領で向きを変え, 基本の姿勢で「○番員異常なし」と報告する。

2　指の「よし」の呼唱後, 右向けの要領で向きを変え, 正面に復す。

110

3 各隊員の報告間隔の斉一を期するため、相互に呼吸を合わせ、報告終了者（正面に向きを変える）と報告開始者（指揮者に向きを変える）の動作は、タイミングよく行うこと。

② 終了報告

> **指揮者** 報告受領者の方向に左向けの要領で向きを変え、かけ足行進の要領で発進し、報告受領者前方5メートルの位置で相対して停止し、挙手注目の敬礼を行い「○○消防団、ポンプ車操法を終了しました。」と報告し、挙手注目の敬礼を行った後、後ろ向きを行い集合指揮位置の方向に、かけ足行進の要領で発進し、集合指揮位置に戻り、各隊員に正対して停止する。
> **各隊員** 指の終了報告中は基本の姿勢で待つ。

◆1 終了報告要領

1 開始報告要領に準じて行い「○○消防団、ポンプ車操法を終了しました。」と報告して、挙手注目の敬礼を行い…

2　集合指揮位置の方向に後ろ向きをして向きを変え…
　　　足を引きつける。

3　かけ足行進の要領で発進し，集合指揮位置に左向け停止の要領で停止し，隊員に正対する。

◆2　各隊員の要領

指の終了報告中は基本の姿勢で待つ。

③　解　散

| 指揮者 | 各隊員に対し，「わかれ」と号令し，答礼する。
| 各隊員 | 指の「わかれ」の号令により，一斉に指の方向に左向けの要領で向きを変えて正対し，挙手注目の敬礼を行う。

◆1　指揮者の要領

基本の姿勢で「わかれ」と号令し，各隊員の敬礼後，挙手注目の敬礼を行って答礼し，解散させる。

◆2　各隊員の要領

1　指の「わかれ」の号令で，一斉に左向けの要領で向きを変え，指に正対して一斉に挙手注目の敬礼を行い…

2　指の答礼が終わった後，一斉に手を下ろし，右向けの要領で向きを変え正面に復し，解散する。

▽④　撤　収

| 指揮者　各隊員に対し，「撤収」と号令し，資器材を撤収させる。
| 各隊員　指の「撤収」の号令により，各資器材を撤収する。

◆　撤収要領

1　指揮者は「わかれ」と号令して，各隊員が敬礼後正面に復した後，ただちに「撤収」と号令し，撤収を開始させる。

2　各隊員は指の「撤収」の号令により，撤収作業を行う。
　　　撤収作業は操作員に限らなくても良い。

◆ 資　料

資料1　注水方向（姿勢）変換

> **指揮者**　火点監視の姿勢から1の方向に向きを変え，「折りひざ」「立て」「右へ注水」「基本注水」「左へ注水」「基本注水」と号令し，再び火点の方向に向きを変える。
> **1・2・3番員**　指の号令により注水方向の変換動作を行う。
> **4番員**　計器等に配意しながら送水を続ける。

◆1　指の要領

1　3がとび口を構えたら，1の方向に度の深い左向けを行い，基本の姿勢で号令する。

2　すべての注水方向変換が終了した時点で火点に向きを変え，火点の状況を監視する。

◆2　123の要領

1　「折りひざ」
　　1は右ひざをついた折りひざ。
　　2は左ひざをついた折りひざ。
　　3はそのままの姿勢。

2 「立て」
　①は基本注水姿勢に戻る。
　②は注水補助姿勢に戻る。
　③はそのままの姿勢。

3 「右へ注水」
　①は右足を軸に左足を右へおおむね15°踏み出す。
　②は左足を軸に右足を左へおおむね15°踏み出す。
　③は右足を軸に左足を右へおおむね15°踏み出す。

4 「基本注水」
　①は右足を軸に左足を左へおおむね15°踏み出す。
　②は左足を軸に右足を右へおおむね15°踏み出す。
　③は右足を軸に左足を左へおおむね15°踏み出す。

5 「左へ注水」
　①は右足を軸に左足を左へおおむね15°踏み出す。
　②は左足を軸に右足を右へおおむね15°踏み出す。
　③は右足を軸に左足を左へおおむね15°踏み出す。

6 「基本注水」
　①は右足を軸に左足を右へおおむね15°踏み出す。
　②は左足を軸に右足を左へおおむね15°踏み出す。
　③は右足を軸に左足を右へおおむね15°踏み出す。

資料1 ●注水方向(姿勢)変換

◆3　4の要領

各種計器に配意しながら送水を続ける。

資料2　全部の収納要領

▽　指揮者の操作　＊合図「収納」

（合図により）火点監視の姿勢から，①の方向に向きを変え，「おさめ」と号令し，①②が筒先を離脱し，背負うのを確認した後，第1線の第2結合部にいたり，第1ホースのおす金具付近を左足で押え，両手で結合を離脱してその場に置く。つづいて，第2線の第2結合部にいたり，第1線と同じ要領で離脱し，第2線第1ホースをおす金具からうず巻きにしてポンプ車の元の位置に積載する。つづいて，操作指揮位置に移動し，各隊員の収納操作を監視し，全隊員の収納操作の終了を確認した後，集合指揮位置に移動し停止する。

◆1　収納下命要領

（合図により）火点監視の姿勢から①の方向に向きを変え「おさめ」と号令する。

◆2　第1線第2結合部離脱要領

1　①②が筒先を完全に背負うのを確認した後，進行方向に向きを変え…
　　足はひきつけない。

資料2 ●全部の収納要領

2 かけ足行進の要領で発進し…

3 第1線延長ホースの右側を最短距離で…
　　余裕ホースはまたがない。

4 第2結合部に正対するように右向け停止
　の要領でいたり…
　　両足は平行に開く。

5 左足でおす金具付近を押え…

6 両手で離脱環をひいて離脱し、左足を
　ホースから離し、めす金具を静かに置き…
　　ホースによじれがある場合は修正する。

7　身体を起こす。

◆3　第2線第2結合部離脱要領

1　かけ足行進の要領で発進し…

2　第2線の第2結合部に正対するようにいたり（両足は平行に開く）離脱する。
　　離脱は第1線と同様に行う。

◆4　ホースうず巻き要領

1　離脱後，立ち上がることなく第1ホースのおす金具から中腰の姿勢で…

2　ホース内の残水を押し出すように，しかもできる限り凹凸のないように…

3　うず巻きに巻き…

4　折りひざ又は折りひざに準じた姿勢で，右手でめす金具，左手でめす金具の反対側を持ってひきずることなくめす金具が右側にくるように寝かせて置き…

5　凹凸の部分を両手で体重を利用して修正する。

◆5　ホースの搬送要領

1　折りひざ又は折りひざに準じた姿勢で右手でめす金具，左手でめす金具の反対側を持って…

2　めす金具が上部斜め前方になるように左肩上に乗せ，めす金具部を左手に持ち変え…

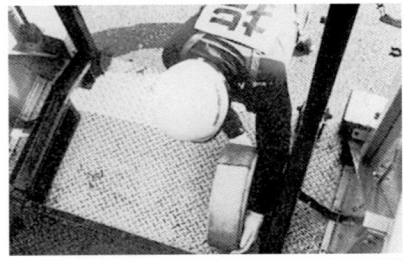

3 左手でめす金具部を保持すると同時に右手をおろし立ち上がり…

4 進行方向に向きを変え，かけ足行進の要領で発進し，ポンプ車後部のホース積載位置にいたる。

◆6 ホースの収納要領

1 めす金具を持った左手を前方へ下げると同時に右手にめす金具を持ち変え，左手でめす金具の反対側を保持し…

2 めす金具が手前になるように両手でおろし…

3 元の位置におさめる。
　　ホース積載場所に適宜置く。

◆7　操作指揮位置への移動要領

1　進行方向に向きを変え，かけ足行進の要領で発進し…
　　　ポンプ車左側の最短距離を通って移動する。
　　　足はひきつけない。

2　操作指揮位置に左向け停止の要領で停止し，基本の姿勢で監視する。
　　　延長ホースに正対する。

◆8　集合指揮位置への移動要領

　全隊員の収納操作終了後，服装点検を行い，進行方向に向きを変え，かけ足行進の要領で発進し，集合指揮位置に左向け停止の要領で停止する。

② 一・二番員の操作

　指の「おさめ」の号令により，右足でホースをまたぎ，左足で第3ホースのおす金具付近を押え，両手で筒先を第3ホースから離脱して背負い，第3結合部にいたり離脱する。
　つづいて，第3ホースのおす金具付近にいたり，おす金具部からうず巻きにして左肩にかつぎ，ホースを確実に保持してポンプ車後部にいたり，ホース及び筒先を元の位置に積載する。つづいて，第2ホースをおす金具部からうず巻きにし，元の位置に積載する。
　なお，①は第1線側，②は第2線側のホースの収納にあたる。

◆1　筒先離脱要領

1　筒先を立てた姿勢から[指]の「おさめ」の号令により…

2　ホースのたるみ部分を伸ばし…

3　右足でホースをまたぎながら斜め右前方に大きく1歩踏み出し…

4　左足でおす金具付近を押え…

5　筒先を腹部で押えるようにして…

資料2 ●全部の収納要領

6　両手で離脱環をひいて離脱し，左足を離す。

◆2　筒先を背負う要領

第1線及び第2線延長操作の筒先を背負う要領に準じて行う。

◆3　第3結合部離脱要領

1　ポンプ車方向に向きを変え…
　　　足はひきつけない。

2　かけ足行進の要領で発進し…

3　延長ホースの右側に沿って前進し，第3結合部に正対するように右向け停止の要領でいたり…
　　　両足は平行に開く。

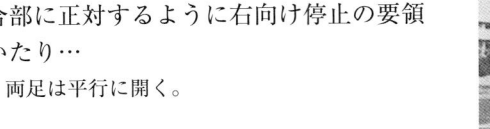

4 左足でおす金具付近を押え…

5 両手で離脱環をひいて離脱し,左足を
ホースから離しめす金具を静かに置き…
　　ホースによじれがある場合は修正する。

6 身体を起こす。

◆4　余裕ホース伸長要領

1 第3ホースのおす金具方向（火点方向）
に向きを変え,かけ足行進の要領で発進し
…

2 第3ホースのおす金具部に左向け停止の
要領で…

資料2 ●全部の収納要領

3　左足を後方（火点側）へひき，ポンプ車方向を向いた姿勢でいたる。

4　折りひざに準じた姿勢で両手でおす金具を持って…

5　余裕ホースを伸長する。

◆5　ホースうず巻き要領

第3ホースのおす金具を両手で持ち中腰の姿勢で巻く。
　　指のホースうず巻き要領に準じて行う。

◆6　第3ホースの搬送要領

うず巻きホースをかついだ後，右手をおろし立ち上がり，進行方向に向きを変え，かけ足行進の要領で発進する。
　　指のホースの搬送要領に準じて行う。

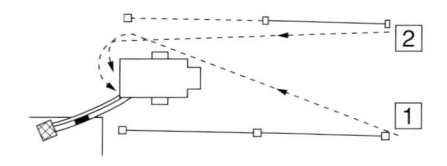

第3ホース及び筒先の搬送経路

◆7　第3ホースの収納要領

指のホースの収納要領に準じて行う。

◆8　筒先の収納要領

1　筒先をおろして…
　　ホース延長時の筒先をおろす要領に準じて行う。

2　元の位置におさめる。

◆9　第2ホースの収納要領

1　進行方向に向きを変え，かけ足行進の要領で発進し，ポンプ車の左側を通り…

資料2 ●全部の収納要領

第2ホースの収納経路

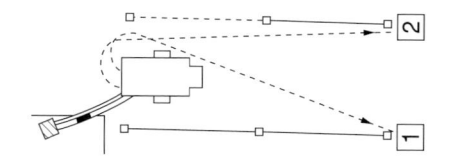

2　第2ホースのおす金具部に右（左）向け停止の要領で右（左）足を後方（火点側）へひき，ポンプ車方向を向いた姿勢でいたり…

3　ホースをうず巻きにして…
　　　第3ホースのうず巻き要領に準じて行う。

4　ホースを左肩にかつぎ…
　　　第3ホースの搬送要領に準じて行う。

5　ポンプ車後部の元の位置におさめる。
　　　第3ホースの収納要領に準じて行う。

③ 三番員の操作

[指]の「おさめ」の号令により，とび口を少し浮かして後ろ向きをしながら左手に持ち変え，左脇下に抱え（右足をひきつけることなく）とび口積載位置にいたり，とび口を元の位置へ積載する。つづいて，ポンプ車後方の枕木の位置にいたり，折りひざの姿勢で枕木を取外してわきに置き，控綱を両手でたぐりながらストレーナー方向にいたり，控綱根元付近を右手で持って[4]の吸管補助完了後，「よし」と合図して吸管を水利から引上げ，その場に置く。つづいて，ポンプ車後部にいたり，手すりに結着した控綱を解き，ストレーナー部の方向に向きを変えてこれをたぐり，折りひざの姿勢でストレーナー部に取付けた後，両手でストレーナー部を腹部まで持ち上げ，[4]の「よし」の合図で，吸管のよじれをとりながら吸管が直伸する位置までさがり，吸管をその場に置き，ストレーナー部からおおむね2メートルの吸管右側の位置にいたり，右ひざをついた折りひざの姿勢で[4]と協力して，排水操作（2回実施）を行った後，吸管を順次輪状にして[4]に渡し，最後にストレーナー部を渡した後，近くの吸管止め金をかける。つづいて，枕木を元の位置におさめる。

◆1 とび口収納要領

1 [指]の「おさめ」の号令によりとび口を少し浮かし…

2 後ろ向きの要領で…

資料2 ●全部の収納要領

3　向きを変えながらとび口柄の中央部を左手に持ち変え…

4　とび口搬送姿勢と同じ要領で左脇下にかかえ，かけ足行進の要領で発進し…

5　積載位置へ最短距離で…

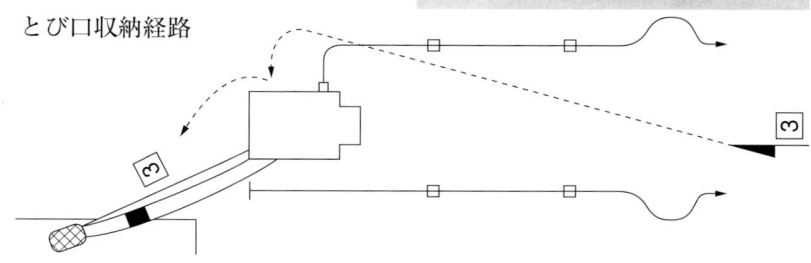

とび口収納経路

6　左（右）向け停止の要領でいたり…
　　とび先がポンプ車に触れないように配慮する。

7　両手でとび口を持ち上げ元の位置におさめる。

◆2　枕木を取り外す要領

1　水利方向に向きを変え，かけ足行進の要領で発進し，（吸管接地部分をまたぎ）枕木位置に右足前でいたり…

2　左ひざをついた折りひざの姿勢で枕木のバンドを外し…

3　右手で吸管を持ち，左手で枕木を操作の支障とならない位置に置く。

◆3　吸管引上げ要領

1　中腰の姿勢で両手で控綱をたぐり，吸管を水利ぎわまで引き寄せながらストレーナー方向に移動し，左足を後に引き，右手で控綱根元付近を持ち…

資料2 ●全部の収納要領

2 「よし」と合図し，4と協力して吸管を水利から引上げると同時に右足を半歩ひいて…

> 吸管引上げは4と共同で行うものであり，単独行動はとらない。

3 真っすぐになるようにその場に置く。
> 4と十分呼吸を合わせて静かに置く。

◆4 控綱の収納要領

1 吸管引上げ後，身体を起こし…

2 控綱結着位置の方向に向きを変え…

3 かけ足行進の要領で発進し…

133

4 吸管左側に沿って，控綱結着位置にいたり…

5 結着を解き，右手に端末を持って右腰部にあて，左手をおろしてストレーナー方向に向きを変え…

6 端末を左手に持ち変え，収納に便利なように順次控綱を輪状にしながらストレーナー方向に移動し…

7 左ひざをついた折りひざの姿勢で…

8 ストレーナー部に取付ける。

◆5　吸管直伸要領

1　控綱取付後，吸管を両手と腹部で抱え，立ち上がり…

2　4の「よし」の合図で，4と協力して吸管のよじれをとりながら，左足から2歩半後退し…
　　ひきずらないように体重をストレーナー側にかけて後退する。

3　一直線となるように伸長し…

4　4と呼吸を合わせて静かに置く。

◆6　吸管排水要領

1　吸管直伸後，身体を起こしながら左に向きを変え吸管に面し…

2　左足を軸に右足で吸管をまたぎながら左足の左斜め前方に大きく1歩踏み出し…

3　ストレーナー部の先端からおおむね2メートルの位置に吸管に面するようにいたり，ストレーナー側に向きを変え…

4　右ひざをついた折りひざの姿勢をとり，右手で吸口部寄り，左手でストレーナー部寄りの吸管を保持し，4から送り出されてくる残水を待つ。

5　4から送りだされてきた残水を，適宜吸管を持ちあげ4と呼吸を合わせて排水する（2回実施）。
　　　ストレーナー部の先端は地面につけておく。

◆7　吸管収納要領

1　吸管排水後立ち上がり，かけ足行進の要領で発進し，ストレーナー部に右向け停止の要領でいたり…

資料2 ●全部の収納要領

2　両手でストレーナー部を持ち上げ、輪状をつくり…
　　輪が崩れないように右手でストレーナー部を手前側に巻き込むように保持する。

3　輪状の吸管を両手で押すようにころがし…

4　4に確実に渡し…
　　吸管の長さに応じて順次同じ動作を繰り返す。

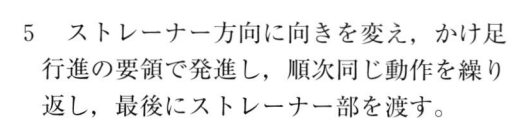

5　ストレーナー方向に向きを変え、かけ足行進の要領で発進し、順次同じ動作を繰り返し、最後にストレーナー部を渡す。

6　近くの吸管止め金を両手又は片手で確実に静かにかける。
　　片手でかける場合は一方の手をその止め金の約30センチメートル以内の吸管に添える。

● | 137

◆8　枕木収納要領

1　吸管止め金をかけた後，枕木方向に向きを変え，かけ足行進の要領で発進し，枕木位置に右足前でいたり…

2　左ひざをついた折りひざの姿勢で，枕木を両手で持って左腰部にあて，立ち上がりながら右手をおろし…

3　ポンプ車後部の方向に向きを変え，かけ足行進の要領で発進し，積載位置にいたり両手で元の位置におさめる。

資料2 ●全部の収納要領

④ 四番員の操作

　指の「おさめ」の号令により乗車してポンプレバーを抜き，エンジンを停止し（さわる程度で良い），第1線第1結合を離脱し，余裕ホースを伸長し，ポンプ車前を通って第2線第1結合部にいたり，離脱し余裕ホースを伸長する。つづいて，吸管投入位置からおおむね2メートルの吸管左側の位置にいたり，両手で吸管を持ち，③の「よし」の合図で吸管引上げに協力し，一旦その場に置いた後吸管右側中央部の位置にいたり，③が控綱を処理するのを待って吸管を両手と腹部で抱え，「よし」と合図し，③と協力して吸管を適宜まわして，よじれをとりながら直伸する位置まで進み，その場に置く。

　つづいて，吸口付近にいたり，両手で吸管を持ち上げ，③と協力して排水操作（2回実施）を行った後吸管積載部にいたり③から渡される輪状の吸管を順次吸管積載部におさめた後，近くの吸管止め金をかけ，吸口コックを全閉する。つづいて，第1線第1ホースをうず巻きにして元の位置におさめる。

◆1　機関操作要領

1　進行方向に向きを変え，かけ足行進の要領で発進し，ホース接地部分をまたぎ…

2　乗車位置に左向け停止の要領でいたり…

3 乗車要領に準じて乗車し…
　　ドアは開放したままで良い。

4 ポンプレバーを抜き，エンジンを停止し…
　　どちらもさわる程度で良い。

5 下車要領に準じて下車し，ドアを閉める。

◆2　第1線側ホース（第1放口）の離脱要領

1 第1放口に向きを変え…

2 かけ足行進の要領で発進し，第1放口付近にいたりホースの内側で…

資料2 ●全部の収納要領

3　両手で離脱環を手前にひいて離脱する。

◆3　余裕ホースの伸長要領

1　離脱後，めす金具部を両手で保持し…

2　余裕ホースがおおむね一直線になるように伸長し…

3　めす金具部を両手で静かに置き，身体を起こす。

◆4　第2線側ホース（第2放口）の離脱要領

1　ポンプ車前右側の方向に向きを変え，かけ足行進の要領で発進し…

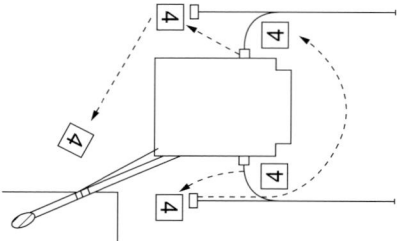

2　ポンプ車前を通って…

3　第2放口付近にいたり，ホースの内側で…

4　両手で離脱し余裕ホースを伸長する。
　　　離脱及び余裕ホースの伸長は第1放口側と同じ要領で行う。

◆5　吸管引上げ要領

1　第2線側余裕をホースを伸長した後，進行方向に向きを変え，かけ足行進の要領で発進し，吸管投入位置からおおむね2メートルの吸管左側の位置に面していたり…

2　3が控綱の根元付近を持った時点で，左足を後にひきながら両手で吸管を保持し…

資料2 ●全部の収納要領

3　3の「よし」の合図で吸管を抱えるように両手で腹部まで持ち上げると同時に，右足を半歩ひきながら左足を軸にしてストレーナー方向に向きを変え…

4　真っすぐになるようにその場に置き…
　　3と十分呼吸を合わせて静かに置く。

5　身体を起こしながら左に向きを変え吸管に面する。

◆6　吸管右側に移動する要領

1　吸管に面した後，左足を軸に右足で吸管をまたぎながら1歩踏み出し…

2　吸管右側中央部に吸管に面していたり…

3 ③の控綱の処理状況を見守る。

◆7　吸管直伸要領

1　③に合わせて吸管を抱えるように両手で腹部まで持ち上げると同時にストレーナー方向に向きを変え…
   <small>吸管を保持する時機は③が折りひざの姿勢になった時。</small>

2　「よし」と合図し，③と協力して吸管のよじれをとりながら，右足から小さく2歩半前進し…
   <small>ひきずらないように体重をストレーナー側にかけて前進する。</small>

3　一直線となるように伸長し，③と呼吸を合わせて静かに置く。

◆8　吸管排水要領

1　吸管直伸後立ち上がり，吸口方向に向きを変え，かけ足行進の要領で発進し…

資料2 ●全部の収納要領

2　吸口付近に左向け停止の要領でいたり…

3　ストレーナー方向に向きを変え…

4　吸口付近から吸口の位置より高くなるように吸管を抱えるようにして両手で腹部まで持ち上げ…

5　順次，移動しながら…

6　③の位置する付近まで進み排水し，吸管を静かに置く。（2回実施）

◆9　吸管収納及び吸口閉止要領

1　排水後，後方に向きを変え，かけ足行進の要領で発進し，吸管積載部に左向け停止の要領でいたり，3から渡された吸管を正しく積載し…

2　最後に3からストレーナー部を受取り…

3　元の位置に積載し…

4　近くの吸管止め金を両手又は片手で確実に静かにかける。
　　片手でかける場合は一方の手をその止め金の約30センチメートル以内の吸管に添える。

5　吸管止め金をかけた後，吸口に面するようにいたり，吸口コックを両手又は片手で完全に閉める。

◆10　第1線第2ホースの収納要領

1　吸口コック閉止後，右に向きを変え，かけ足行進の要領で発進し…

2　第1線第1ホースのおす金具部に右向け停止の要領で右足を後方（火点側）にひき，ポンプ車方向を向いた姿勢でいたり…

3　ホースをうず巻きにして…
　　①の第1線第2ホースの収納要領に準じて行う。

4　ホースを左肩にかつぎ…
　　指のホースの搬送要領に準じて行う。

5　ホースを収納する。
　　指のホースの収納要領に準じて行う。

第3編 小型ポンプ操法

第1章 待機・集合等

▽ 1 待 機

> **指揮者** 待機線上に①の右1.5メートルの位置で,「整列休め」の姿勢で待機する。
> **各隊員** 待機線上に一列横隊の隊形で,②が小型ポンプの中央になるよう整列し,その後「整列休め」の姿勢で待機する。

◆ 待機要領

1 待機線上に「整列休め」の姿勢で待機する。

　　あごをひき,目は前方を直視し,身体は動かさない。又,整列は,かかとを待機線に合わせる。(かかとを待機線内に入れる。)
　　整列は,②がポンプの中央になる。

2 「整列休め」の背面における手の組み方は,腰部に左手で右手の甲と4指を軽く握り親指を交差する。

②　集　合　＊合図「操法開始」

指揮者　（合図により）基本の姿勢をとり，半ば右向けを行って進行方向に向きを変え，かけ足行進の要領で発進し，集合指揮位置に左向け停止の要領で停止して「集まれ」と号令し，各隊員を集合させる。

各隊員　指の「集まれ」の号令で基本の姿勢をとり，駆け足行進の要領で発進し，集合線上に②がポンプの中央になるように集合し，②を基準にして一列横隊で自発的整とんを行う。（整とん要領は，①を除く各隊員は右手を腰にあげ，肘を側方に張る。頭は，②は前方，①は左，③は右に向けて整とんする。）

◆1　集合指揮位置への移動要領

1　「整列休め」の姿勢から…

　　　集合指揮位置：集合線前方5mでポンプ中央部。

2　（合図により）基本の姿勢をとり…

　　　＊合図「操法開始」

3　半ば右向けを行い…
　　　ホース等の外側をう回進行するため。

4　足を引きつけ基本の姿勢をとり…

5　かけ足行進の要領で左足から発進し…
　　　かけ足行進時の両手は自然に振る。

6　集合指揮位置にポンプに正対するように，
　　左向け停止の要領で…

7　左足を右足に引きつけて停止し…
　　　ポンプに正対する。

8 両手を体側におろして基本の姿勢をとり,「集まれ」と号令する。

◆2 集合要領

1 「整列休め」の姿勢から…

2 指の「集まれ」の号令で,基本の姿勢をとり…
　　各隊員の動作は斉一を期す。

3 かけ足行進の要領で…

4 左足から第1歩を踏み出し…
　　最初の1歩は,かけ足行進の1歩の長さの基準(約80センチメートル)よりも短くなる。
　　かけ足行進時の両手は自然に振る。

第１章●待機・集合等

5　おおむね２歩半で集合線まで進み，左足に右足を引きつけて停止し…
　　　　集合線内に両足かかとが入るように停止する。

6　両手をおろして基本の姿勢をとる。

◆3　自発的整とん要領

1　②を基準に自発的整とんを行う。
　　　①は基本の姿勢のまま頭のみ②の方向に向ける。②は右手を側方に張り，前方を直視する。③は右手を側方に張り②の方向に頭を向ける。

2　①は，整とんが完了したと判断したら「よし」と小声で合図し，頭を正面に向け基本の姿勢をとる。
　　　②③は，①の合図と同時に一斉に手を下ろし基本の姿勢をとる。

③　点　呼

| 指揮者 | 各隊員が集合線に整列完了したら，「番号」と号令する。 |
| 各隊員 | 指の「番号」の号令で，①から順次各自の番号を呼唱する。 |

1 指の号令をかける姿勢は，首を振ったり，上体を前後左右に動かさず基本の姿勢で行う。
2 各隊員の呼唱は，声量，タイミング等に斉一を期するよう留意する。

④ 開始報告

指揮者 報告受領者の方向に後ろ向きを行い，かけ足行進の要領で発進し，報告受領者の前方5メートルの位置で相対して停止し，挙手注目の敬礼を行い「○○消防団，ただいまから小型ポンプ操法を開始します。」と報告し，挙手注目の敬礼を行い，後ろ向きをして，かけ足行進の要領で発進し，集合指揮位置に戻り，各隊員に正対して停止する。
各隊員 指の開始報告中は基本の姿勢で待つ。

◆1 開始報告要領

1 基本の姿勢から…

2 後ろ向きを行い…

3　足を引きつけ，基本の姿勢をとり…

4　かけ足行進の要領で左足から発進し…

5　報告受領者前方5メートルの位置（報告受領者のかかとから指揮者のかかとまで）で報告受領者に相対して…

　　報告受領者への往復経路は最短距離を通る。

6　停止して，基本の姿勢をとり…

7　挙手注目の敬礼を行い…

8　報告受領者が答礼し…

9　報告受領者が答礼を終り，基本の姿勢になったら…

10　手をおろし基本の姿勢で「〇〇消防団，ただいまから小型ポンプ操法を開始します。」と報告する。
　　　言語は明瞭に行う。
　　　　報告後も再び挙手注目の敬礼を同じように行う。

11　報告後，後ろ向きを行い，かけ足行進の要領で発進し，集合指揮位置に戻り，各隊員に正対して停止する。
　　　足を引きつける。

◆2　各隊員の要領

指の開始報告時は基本の姿勢で待つ。

⑤ 想定付与・受領

> 指揮者 「火点は前方の標的，水利はポンプ右側後方防火水槽，手びろめによる二重巻ホース1線延長」と号令する。
> 各隊員 基本の姿勢で指の想定付与を受ける。

◆ 想定付与，受領姿勢

1 指は各隊員に想定を付与する場合は，基本の姿勢をくずさず言語を明瞭に言う。

2 各隊員は基本の姿勢で指の想定を受ける。

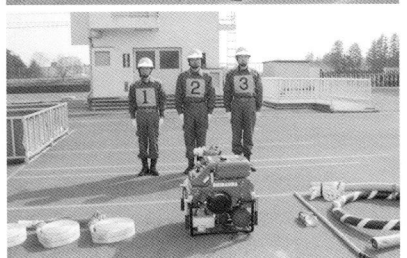

⑥ 定 位

> 指揮者 「定位につけ」と号令し，各隊員の行動を監視する。
> 1番員 半ば右向けをし，かけ足行進の要領で発進し，筒先のおおむね中央部に正対するように，左向け停止の要領で火点に向かって停止する。
> 2番員 度の深い左向けをし，かけ足行進の要領で発進し，吸管のおおむね中央部左側の位置に，右向け停止の要領で火点に向かって停止する。
> 3番員 かけ足行進の要領でポンプの左側に沿って前進し，ポンプ前方中央部の位置に，左向け停止の要領で火点に向かって停止する。

◆1　定位への移動監視姿勢

 指は「定位につけ」と号令したら，基本の姿勢で各隊員の行動を監視する。

◆2　定位への移動要領

1　指の「定位につけ」の号令で，1と2は進行方向に向きを変え…
　　　　1は，半ば右向け…
　　　　2は，度の深い左向け…
　　　　3は，基本の姿勢のまま…

2　足を引き付けて，基本の姿勢をとり…

3　各隊員は一斉に，かけ足行進の要領で…

4　左足から発進し…
　　　　2は3の後方を通る。

5 　各定位に火点に向かって，右（左）向け
　　の要領で…
　　　　①は，左向け停止の要領で…
　　　　②は，右向け停止の要領で…
　　　　③は，左向け停止の要領で…

6 　停止し…

7 　基本の姿勢をとる。

第1線延長

Ⅰ 指揮者の操作

1　各隊員が定位についたならば，直ちに「操作始め」と号令する。

2　ホース延長

　③の「よし」の合図により，筒先位置にいたり，折りひざの姿勢で筒先を背負い，ホース1本(第3ホース)を左肩にかつぎ，第1・第2ホースの延長距離を考慮して火点に向かって前進し，第3ホース延長地点にいたり，ホースを金具が手前になるように下ろして地面に立て，展張し，左足を軸に身体を右回りに反転させておす金具を左足近くに置く。身体を起こして筒先を下ろし，左足でホースのおす金具付近を押さえ，結合して確認し，左手でノズル近くのプレイパイプを持ち，右手で取っ手を握ると同時に右足を軸に左足を火点側に1歩踏み込み，基本注水姿勢をとり，①に対し「放水始め」と合図し，火点に向かっておおむね15メートル前進し，おおむね5メートルの余裕ホースをとり，基本注水姿勢をとった後，ノズルを徐々に開く。

3　「放水始め」の合図時機

　①が第2ホースを延長し，第3ホースに結合して基本の姿勢をとった時点で行う。

◆1　筒先を背負う要領

1　3の「よし」の合図で，半ば左向けをし…

　　後ろ足はひきつけない。

2　かけ足行進の要領で発進し…

3　ホースの外側を通って…

4　筒先位置にいたり…

　　右向け停止の要領で左足前でいたっても良い。
　　両足が筒先の延長線より水利側に入る。

5　折りひざの姿勢で，右手でノズル（回転部分以外），左手で背負いひもの中央部を握り…

　　右手でノズルを握る際，回転部分には触れないものとし，指はプレイパイプ上部にかかっても良い。

6　右手を頭上に…

7　左手を右脇下にして，頭及び左腕を背負いひもにくぐらせ…

8　ノズルが右肩部に，元金具部は左腰部になるように背負う。

◆2　第3ホースの搬送要領

1　筒先を背負った後，右手でホースのめす金具，左手はめす金具の反対側を持って…

2　めす金具が上部斜め前方になるように左肩に乗せ，めす金具を左手に持ち替えて保持し…

3　右手を下ろして立ち上がり…

4　進行方向に向きを変え…

5　かけ足行進の要領で発進し…

6　第1・第2ホースの延長距離を考慮して火点に向かって前進し，第3ホース延長地点に左足前でいたり…

7　めす金具を持った左手を前方へ下げると同時に右手に持ち替え，左手でめす金具の反対側を保持し，めす金具が手前になるように肩から下ろして地面に立てる。
　　回転するようにして肩から下ろす。

◆3　第3ホースの展張要領

1　右足でめす金具付近を押え，右手でおす金具を下方から確実に持ち…
　　　右足は，めす金具が立たない位置を押える。

2　左手はホースに添えて展張方向を定め…
　　　左手親指がホース上面にかかるように添える。

3　右手のみで前方に転がすように展張し…

4　右足を離すと同時に，左足を軸に身体を右回りに反転させ…

5　同時におす金具を左足近くに置き，身体を起こしてポンプ方向を向いて姿勢を正す。
　　　足は開いたまま。

第2章●第1線延長

◆4　筒先を下ろす要領

1　左手で取っ手近くのプレイパイプを持ち，腹部へ移動し…

2　元金具部を腹部から頭上へ移動し…

3　背負いひもを右手で持って頭をくぐらせ…

　　背負いひもは，右手で握って持つ。

4　右手でノズル（回転部分以外）を持ち，左手をプレイパイプ中央部へ移動する。
　　右手でノズルを握る際，回転部分には触れないものとし，指はプレイパイプ上部にかかっても良い。

◆5　筒先結合要領

1　左足でおす金具付近をおす金具が上を向くように立てて押え，筒先を結合し…

2　完全に爪がかかっているか，引いて確認する。

◆6　筒先を構える要領

1　左手をプレイパイプ上部に持ち変え…

2　右手で取っ手を握ると同時に…

3　左足をホースから離しながら右足を軸に火点側へ1歩踏み込み，火点に向かって基本注水姿勢をとる。

　　（基本注水姿勢）
　　右手は取っ手，左手はノズル近くのプレイパイプを握り，握った右手を右腰にあてるようにして仰角30度（標的注水中は除く）で保持し，体形は左足を約1歩前に踏み出し，左ひざを「く」の字に曲げると同時に体重を前方に置き，右足は放水の反動力をおさえるため，真っすぐに伸ばし前傾姿勢をとる。

◆7　筒先進入要領

1　①が基本の姿勢をとった後,「放水始め」と合図し…

2　①の「放水始め」の復唱を確認後,火点方向におおむね15メートル前進して,左足を1歩踏み出した姿勢で停止する。
　　筒先を身体から離さないように確実に保持し,展張ホース左側（約30センチメートル以内）に沿って前進する。

◆8　余裕ホースをとる要領

1　筒先を左腕と腹部で抱え込み…

2　折りひざ又は折りひざに準じた姿勢でホースをたぐり寄せて右手で持ち…
　　島田式におおむね5メートルたぐり寄せる。

3　立ち上がると同時に右足を一歩大きく踏み出しながら…

4 半円形を描くように，周囲の状況に注意して余裕ホースを広げる。

◆9 余裕ホース整理要領

1 右手でホースを保持し…

2 右足を元に戻しながら後方におおむね1メートル以上の直線部分をつくり…

3 右手で取っ手を，左手でプレイパイプ上部を持ち，基本注水姿勢をとる。

　　基本注水姿勢をとった後，右足から1歩前進して左足を放水停止線に合わせても良い。

4 放水停止線を越えないように構える。

　　放水停止線の基準線（線の火点側）を左足が踏み越えないように構える。

5　余裕ホースの状況

◆10　ノズル操作要領

1　基本注水姿勢から元金具部を右腰より少し持ち上げ…

　　筒先・ノズル操作時は，排水操作時を除き，前方火点を注視する。

2　右手を筒先から離さないように滑らせて，プレイパイプ中央付近に移動し…

　　プレイパイプ中央付近とは，プレイパイプ上部を握った左手に右手が触れない位置。

3　筒先を右脇腹と右腕で完全に抱え…

　　取っ手を含めて抱え込んでも良い。

4　つづいて，左手を筒先から離さないように前方に滑らせて…

5 ノズルの回転部分を握り…

6 徐々に直状に開き…
　　反動力に注意しながら開く。

7 ノズルを開いた後，左手を離さないように滑らせてプレイパイプ上部に戻して握り…

8 右手もプレイパイプを離さないように滑らせて…

9 取っ手を握って…

10 取っ手を握った右手を下げて右腰部に戻し,基本注水姿勢をとり注水する。
　　　標的を倒した後は,筒先仰角30度に保つ。

② 一番員の操作

1　ホース延長
　　3の「よし」の合図により,筒先の元金具部付近に左足を1歩踏み出し,第1ホースを持って展張に便利な位置に立ち,展張し,おす金具を折って搬送に便利な位置に置き,めす金具を両手で持ち上げ,右手をホースに持ち替えておおむね2メートルの余裕ホースをとった後,めす金具を両手で持って放口に結合し,引いて確認する。つづいて,第2ホースを左肩にかつぎ,更に,第1ホースのおす金具を右手に持って腰にあて,展張ホースの左側に沿って延長し,火点に向かって前進する。第2結合実施場所にいたり,第1ホースおす金具をその場に置き,第2ホースを金具が手前になるように地面に立て,展張し,第2ホースのおす金具を折って搬送に便利な位置に置き,第1ホースおす金具付近を右足で押さえ,第2ホースめす金具を両手で持って第1ホースと第2ホースを結合し,引いて確認する。つづいて,第2ホースのおす金具を右手で持って腰にあて,展張ホースの左側に沿って延長し,第3結合実施場所にいたり,第2ホースのおす金具をその場に置き,第2ホースのおす金具付近を右足で押さえ,第3ホースのめす金具を両手で持って第2ホースと第3ホースを結合し,引いて確認し,その場で火点に向かって基本の姿勢をとる。
　　つづいて,指の「放水始め」を復唱し,後ろ向きをして（右足を引きつけることなく）発進し,延長ホースの左側に沿ってポンプ方向に前進する。
2　放水開始の伝達
　　伝令停止線の位置で3に相対して停止し,右手を垂直に上げて「放水始め」と3に伝達し,3が復唱の手を下ろした後,右手を下ろし,後ろ向きをして（右足を引きつけることなく）発進し,延長ホースの左側に沿って指の1歩後方にいたり,「伝達終わり」と合図する。

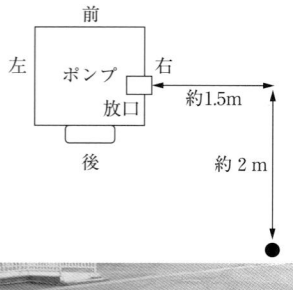

◆1　第1ホース展張要領

1　③の「よし」の合図により，筒先の元金具部付近に左足を1歩踏み出し…

2　右手でホースのめす金具，左手でめす金具の反対側を持って…

3　両手で確実に保持し，展張に便利な位置に…
　　展張に便利な位置に向かう際，後方確認を行う。

展張に便利な位置

4　めす金具が手前になるように，地面に立て…

5 右足でめす金具付近を押え，右手でおす金具を下方から確実に持ち…
　　右足は，めす金具が立たない位置を押える。

6 左手はホースに添えて，展張方向を定め…
　　左手親指はホース上面に掛ける。

7 右手のみで前方に転がすように展張し…

8 おす金具を搬送に便利な位置に火点に向けて折って静かに置く。
　　展張したホースの右側にずらして置く。

◆2　第１結合要領

1 右足をホースから離すと同時にめす金具を両手で持ち上げた後…

2　右手をホースに持ち変え，引きずらないように余裕ホースに配意し…
　　余裕ホースは展張に便利な位置に置けば，おおむね2メートルの余裕ホースが確保される。

3　再び，めす金具を両手で持って，ポンプの放口に垂直に合わせて…

4　差し込んで結合し…

5　完全に爪がかかっているか，両手で引いて確認する。
　　両手をはかま部に移動して，引いて確認する。

◆3　第1ホースの延長・第2ホースの搬送要領

1　第2ホースを折りひざ又は折りひざに準じた姿勢で，右手でめす金具，左手でめす金具の反対側を持って…

2　めす金具が上部斜め前方になるように左肩に乗せ，めす金具部を左手に持ち変えて保持し…

3　つづいて，第1ホースのおす金具を右手に持って右腰部にあてた後，立ち上がり…
　　右手は離脱環が動かないように押えて持つ。

4　展張ホースの左側に沿って火点に向かって前進して延長し…
　　おす金具は右腰にあてたまま。
　　延長ホースの左側約30センチメートルに沿って前進する。

5　第2結合実施場所に左足前でいたり，おす金具を静かに置く。
　　両手に物を持っている場合の止まり方は，動作の流れに沿って良い。（第2結合部のみ）

◆4　第2ホースの展張要領

1　第2ホースを静かに下ろして金具が手前になるように立て…
　　指の第3ホースを下ろす要領に準じて行う。

2 　展張し，おす金具を搬送に便利な位置に折って置く。

> 第1ホースの展張要領に準じて行う。
> おす金具を置く位置は，展張ホースの左右どちらでも良い。

◆5　第2結合要領

1 　右足で第1ホースのおす金具付近をおす金具が上を向くように立てて押え…

2 　両手でめす金具を持ち，おす金具に垂直に合わせて…

3 　差し込んで結合し…

4 　完全に爪がかかっているか，引いて確認し…

> 両手をはかま部に移動して，引いて確認する。

5 右足を第1ホースから離すと同時に…
　　第1ホースの延長が蛇行している場合は修正する。

◆6　第2ホース延長要領

1 おす金具を右手に持って右腰部にあてた後…

2 かけ足行進の要領で発進し，展張ホースの左側に沿って延長し…
　　おす金具は右腰部につけたまま。
　　展張ホースの左側おおむね30センチメートル以内に沿う。

3 第3結合実施場所に左足前でいたり，おす金具を静かに置く。

◆7　第3結合要領

1 第2ホースを延長後，第2ホースと第3ホースを結合し…
　　第2結合要領に準じて行う。

2　右足をホースから離すと同時に…
　　第2ホースの延長が蛇行している場合は修正する。

3　右足を左足に引きつけながら、火点方向に向きを変え、基本の姿勢をとる。
　　基本の姿勢をとる位置は、両足かかとが第3結合部より火点寄りとする。

◆8　伝令要領

1　指の「放水始め」を復唱して、ポンプ方向に…

2　後ろ向きをして…
　　足はひきつけない。

3　かけ足行進の要領で発進し…

4 延長ホースの左側（約30センチメートル以内）に沿って前進し…
   第2結合部付近から，③に相対する位置に最短距離を進む。

5 伝令停止線の位置で③に相対して停止し…
   両足かかとが，伝令停止線上でも水利側に踏み越えても良い。

6 右手を垂直に上げて「放水始め」と合図し…

7 ③が復唱し手を下ろしてから右手を下ろし，火点方向に後ろ向きをして，かけ足行進の要領で発進し…
   足は引きつけない。

8 第2結合部付近まで最短距離を進み，そこから延長ホースの左側（約1メートル以内）に沿って前進し…

9 指の1歩後方に左足前でいたり，「伝達終わり」と合図する。

伝 令 経 路

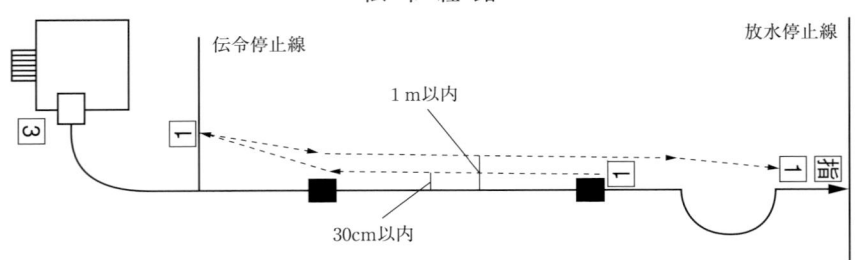

③ 二番員の操作

1 吸管操作
　③の「よし」の合図により吸管バンド取付部に移動し，吸管バンドを外し，ストレーナー部付近の吸管を両手で腹部まで持ち上げ，③と協力して吸管がよじれないようにポンプ後方に伸長し，その場に置き，つづいて，③の2歩後方の位置にいたり，吸管をまたいで両手で吸管を持ち，両足で吸管を支え，③の吸管結合の補助を行い，③の「よし」の合図で吸管を離して左足を軸にストレーナー方向に向きを変えて発進し，ストレーナー部の左側にいたり，吸管を両手で腹部まで持ち上げ，③の「よし」の合図で吸管投入に便利な位置まで進み，吸管をその場に置いて吸管控綱を解き，右手で控綱の根元と端末を持ち，左手で吸管を持って立ち上がり「よし」と合図して吸管控綱を送り出しながら③の協力で吸管を水利に投入する。続いて，吸管控綱をポンプの一部にもやい結びで結着した後，枕木を吸管が水利にかかった位置（曲折部）に取り付ける。

2 とび口搬送及び部署要領
　枕木取付後，とび口右側にいたり，折りひざの姿勢でとび口を持ち，立ち上がると同時に左腋下に抱え，延長ホースの左側に沿って破壊地点にいたり，とび口を構える。

◆1　吸管の搬送及び結合補助要領

1　③の「よし」の合図で，右向けの要領で進行方向に大きく向きを変え，かけ足行進の要領で発進し…
　　　足は引きつけない。

2　吸管バンドの位置に右足前でいたり…

3　左ひざをついた折りひざの姿勢でストレーナー側の吸管バンドを両手で外し…

4　③とタイミングを合わせて，両手で吸管を腹部まで持ち上げて立ち上がり…

5　吸管がよじれないようにポンプ後方に伸長し…

6　吸口に対して垂直になるようにして…

7　その場に静かに置き…

8　立ち上がり，ポンプ方向に向きを変え，かけ足行進の要領で発進し…

9　3の2歩後方の位置に左足前でいたり…

10　吸管をまたぎ，両手で吸管を持ち上げると同時に両足のふくらはぎで吸管をはさみ…

　　3とタイミングを合わせて同時にまたぐ。
　　吸管をふくらはぎではさむ際，両足かかとを接する。

11　左手は吸管の下側から，右手を吸管の上から添えて補助する。

◆2　吸管投入要領

1　③の「よし」の合図で両手両足を吸管から離し，左足を軸に右足で吸管をまたぎながら…

2　ストレーナー方向に向きを変え…

3　かけ足行進の要領で発進し…

4　ストレーナー付近の左側に，右足前でいたり…

5 吸管を両手で腹部まで持ち上げ,ストレーナー側に体重をかけ…

> 右手は吸管の下から,左手は吸管を抱えるように保持する。

6 ③の「よし」の合図で③とタイミングを合わせて,左足から2歩半で吸管投入に便利な位置まで進み…

> 移動する際は,移動する方向を見て(顔を向けて)移動する。

7 吸管をその場に置き…

8 左ひざをついた折りひざの姿勢で,控綱を取り外して右足付近に置き…

> 控綱を固定しておくゴムは,藤かごに付けたままとする。

9 右手で吸管控綱の根元と端末を持ち,左手で吸管を抱えるように保持して立ち上がり…

10 「よし」と合図して右足を半歩水利側に
   踏み出し…

11 左手を吸管から離すと同時に右手の控綱
   を滑らせながら…
   　　吸管控綱の根元を持ったままストレーナー部
   　を着水させても良い。
12 静かに投入する。
   　　十分に給水できる長さを投入する。
   　＊　吸管補助員は，吸管ストレーナー部が着水
   　　後に，吸管が水利から出ないように補助する。

◆3　控綱結着要領

1　吸管投入後，控綱の端末を持った右手を
   右腰部にあて，ポンプ方向に向きを変え…

2　かけ足行進の要領で発進し，吸管の左側
   に沿って前進し…
   　　控綱を持っている右手は振らない。

3　ポンプ後部にいたり，右ひざをついた折
   ひざの姿勢で控綱をポンプの一部に，もや
   い結び及び半結びで結着し…
   　　控綱を持った右手は下ろさない。端末はおお
   　むね10センチメートル残す。

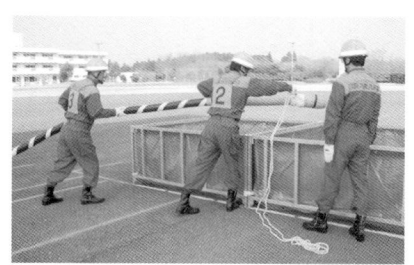

4 控綱を吸管に添わせる。

◆4 枕木の取付要領

1 控綱結着後，立ち上がり…

2 右足を1歩踏み出して枕木の右側にいたり…

3 左ひざをついた折ひざの姿勢で枕木を両手で持って左腰部にあて，立ち上がりながら右手を下ろし…

4 枕木取付位置の方向に向きを変え，かけ足行進の要領で発進し…
   枕木を持った左手は振らない。

5　枕木取付位置にいたり…

6　両手で枕木を取り付ける。
　　　枕木取付けは，吸管を保護するため鋭角部に取付ける。
　　＊　吸管補助員は，2が枕木を取付けるため吸管に触れた後，吸管を浮かす等の補助を行って良い。

◆5　とび口搬送要領

1　枕木取付後，両手を体側に下ろして姿勢を正し，ポンプ方向に向きを変え，かけ足行進の要領で発進し…

2　とび口右側に右足前でいたり…

3　左ひざをついた折ひざの姿勢で，左手でとび口柄の中央部付近を握り，右手を交差させて後部に添えて握り…

4　立ち上がりながら左腋下に抱え，かけ足行進の要領で発進し…
　　　とび先は下方に向ける。

5　第2結合部付近まで最短距離を進み，そこから延長ホース左側に沿って前進し…
　　　延長ホースのおおむね1メートル以内に沿う。
　　　とび口を持った左手は振らない。

6　破壊地点に左足前でいたり…
　　　破壊地点
　　　　ポンプ中心の延長線上で，①の左側に並行する地点。
　　　放水停止線を踏み越えてはならない。

7　とび口を構える。
　　　左手はとび口柄の中央部付近を握り水平に真っすぐ伸ばし，右手は柄の後部を約10センチメートルをあけて握り右腰部にあてる。左ひざを「く」の字に曲げると同時に体重を前方に置き，右足は真っすぐに伸ばした前傾姿勢をとる。
　　　とび口の長さによっては，左手の位置は柄の中央部付近をずれても良い。

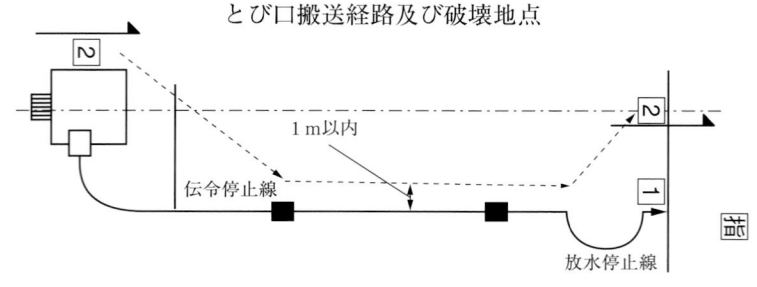

とび口搬送経路及び破壊地点

④ 三番員の操作

1　吸水操作
　　指の「操作始め」の号令で「よし」と合図し，左向けの要領で向きを変え，吸管バンドの位置にいたり，吸管バンドを外し，結合金具近くの吸管を両手で腹部まで持ち上げ，②と協力してよじれないように伸長し，結合金具が吸口に結合しやすい位置にくるように搬送してその場に置く。つづいて，吸口に面して吸口覆冠を外し，身体を起こして吸管をまたぎ，両足で支え，②の補助で吸口に結合し「よし」と合図する。つづいて，左足を軸に右足で吸管をまたぎながらストレーナー方向に向きを変えて発進し，吸管左側中央付近にいたり，吸管を両手で腹部まで持ち上げ「よし」と合図し，②と協力して吸管投入に便利な位置まで2歩半で進み，②の「よし」の合図で吸管投入を補助する。次いで，ポンプ方向に向きを変えて発進し，ポンプ操作ができる位置にいたる。
2　送水準備
　　エンジンを始動し，真空ポンプレバー及びスロットルを操作して揚水操作を行った後，火点に向かって基本の姿勢をとる。つづいて，余裕ホースに配意した後，放水開始の伝令を待つ。
3　放水開始及び送水操作
　　①の「放水始め」の伝達に，右手を垂直に上げて「放水始め」と復唱し，手を下ろして放口コックを開き，同時にスロットルを操作し，適正圧力を確保した後，その場で火点に向かって基本の姿勢をとる。

◆1 吸管伸長要領

1 　指の「操作始め」の号令で「よし」と合図し，左向けの要領で吸管側に向きを変え，かけ足行進の要領で発進し…
　　　　足は引きつけない。

2 　吸管バンドの位置に右足前でいたり…

3 　左ひざをついた折ひざの姿勢で吸管バンドを両手で外し…

4 　2とタイミングを合わせて，両手で吸管を腹部まで持ち上げ…
　　　　右手は吸管の下から，左手は吸管を左腋下に抱えるように保持する。

5 　吸管がよじれないように伸長しながらポンプ後方に搬送し…

6　その場に静かに置き…
　　　吸管を吸口に結合しやすい位置に置く。

7　ポンプ方向に向きを変え…

8　折りひざ又は折りひざに準じた姿勢でポンプの吸口覆冠を外し…

9　一旦立ち上がってから右足で吸管をまたぎ，吸管の結合金具を両手で持つと同時に両足ふくらはぎで吸管をはさみ，吸管を吸口に合わせ…
　　　両足ふくらはぎではさむ際，両足かかとを接する。

10　2の補助で，両手で吸口に結合する。

◆2　吸管投入補助要領

1　結合完了と同時に「よし」と合図し，両手両足を吸管から離し，左足を軸に右足で吸管をまたぎながら…

2　ストレーナー方向に向きを変え，かけ足行進の要領で発進し…

3　吸管左側中央部に右足前でいたり…

4　2と合わせて，吸管を両手で腹部まで持ち上げ，ストレーナー側に体重をかけ…
　　右手は吸管の下から，左手は吸管を抱えるように保持する。

5　「よし」と合図し，2とタイミングを合わせて左足から小さく2歩半進み…
　　移動する際は，水利側移動方向を見て（顔を向けて）移動する。

6 ②の控綱の取外しを，吸管を持った姿勢で待ち…

7 ②の「よし」の合図で，右足を半歩前（水利側）に踏み出し，静かに吸管の投入を補助した後，身体を起こすと同時に両手を体側に下ろす。
   ストレーナー部が水面に着くまで保持する。

◆3　揚水操作要領

1 ポンプ方向に向きを変え，かけ足行進の要領で発進し…

2 放口側に左足前でいたり…
   吸管は接地部分をまたぐ。

3 エンジンを始動し，真空ポンプレバーとスロットルを同時に操作し，計器に配意しながら揚水した後…

4 左足を引きつけ,火点に向かって基本の姿勢をとる。

5 つづいて,右足を1歩横に開き,余裕ホースに配意し…
　　ホース内の水が円滑に流れるように余裕ホースラインの形状を修正する。

6 再び,火点に向かって基本の姿勢をとり,放水開始の伝令を待つ。

◆4　送水操作要領

1 　1と相対して,1の「放水始め」の伝達に,右手を垂直に上げ「放水始め」と復唱して手を下ろし…
　　復唱時期は,1の呼唱後

2 ポンプ側に左足を1歩踏み出し,一方の手で放口コック,他方の手でスロットルを,いずれも徐々に操作し…
　　放口コックは,全開する。

3 送水状況と各種計器に配意しながら送水を行い…

4 適正な圧力を確保し，かつ安定した時点で左足を引きつけ，火点に向かって基本の姿勢をとる。
　　送水圧力は，0.4MPa（4 kgf/cm^2）以下とする。
　　安定した時点とは，火点標的が倒れた時点。

5 各種計器に配意しながら送水を続ける。

第3章 筒先員交替

> **指揮者** １が注水部署にいたり，「伝達終わり」と合図したら「筒先員交替」と号令し，１が筒先を握ったら左足を後方に引き筒先から左手を離す。つづいて，１の「よし」の合図で筒先から右手を離すと同時に右足を一歩後方に引き，１の後方を通って火点指揮位置（１の斜め右前方おおむね３メートル）に停止し，火点の状況を監視する。
>
> **１番員** 指の「筒先員交替」の号令で，指の左斜め前方にいたり，指が左手をずらして下げたら，左手でノズル近くのプレイパイプを握る。つづいて，右手で取っ手を握ると同時に右足を指の右足近くに１歩踏み入れて注水姿勢をとり，「よし」と合図して筒先を交替する。

◆１　筒先員交替要領

１　指は，１の「伝達終わり」の合図後，「筒先員交替」と号令し…

２　１は，左斜め前方に向きを変え…
　　　両足かかとで向きを変える。

3　かけ足行進の要領で発進し…

4　指の左斜め前方にいたり…

5　指は，左手をプレイパイプから離さないように滑らせて，一握り分取っ手方向に下げ，1は，左手で指揮者の握っていたプレイパイプ上部を確実に握る。
　　指は，前方を注視して交替操作を行う。

6　指は，左足を斜め後方に半歩下げ，1は，右足を指の右足近くに1歩踏み入れると同時に右手で取っ手を握り…
　　1の右足を踏み入れるタイミングは，指が左足を下げてからでも，左足を下げるのと同時でも良い。

7　指は，左手を離すと同時に取っ手を右手と腹部で確実に保持して1の腰部に送り出し…
　　指は1に腰部を密着させて確実に行う。

8 　①は，筒先を右手と腰部で確実に保持し，基本注水姿勢をとったら「よし」と合図し…

9 　指は，①の「よし」の合図で取っ手から右手を離しながら右足を1歩後方に引き，進行方向に向きを変え…

10 　かけ足行進の要領で発進し…
　　　ホースは接地部分をまたぐ。

11 　火点指揮位置に火点を向いて停止し…

12 　火点を監視する。

第4章●放水中止

放水中止

1　指揮者の操作　＊合図「放水中止」

（合図により）火点監視の姿勢から①の方向に向きを変え，姿勢を正して「放水止め」と号令し，各隊員の操作状況を監視し，②が放水中止の伝達後，とび口を立てたのを確認して火点方向に向きを変え，鎮圧状況を監視する。

◆　放水中止下命要領

1　（合図により）火点監視の姿勢から①の方向に度の深い左向けを行い「放水止め」と号令する。
　　号令後はそのままの姿勢で頭を動かし，各隊員の操作状況を監視する。
2　②が「伝達終わり」と合図し，とび口を立てたのを確認した後，再び，火点方向に向きを変え，火点の状況を監視する。

2　一番員の操作

指の「放水止め」の号令で，ノズル操作を行い「放水止め」と復唱し，②が③に放水中止の伝達を行って注水部署に戻り「伝達終り」の合図後，ノズル操作を行って排水し「よし」と呼称して，筒先を右足きわに立てると同時に左足を引きつけ姿勢を正す。

◆1　放水中止要領

1　指の「放水止め」の号令で，基本注水姿勢から元金具部を右腰より少し持ち上げ…
　　　筒先操作中は，前方火点を注視する。

2　右手を筒先から離さないように滑らせて，プレイパイプの中央部付近へ移動し…
　　　プレイパイプ中央部付近とは，プレイパイプ上部を握った左手に右手が触れない位置。

3　筒先を右脇腹と右腕で完全に抱え…
　　　筒先の取っ手部分を抱えても良い。

4　つづいて，左手を筒先から離さないように滑らせて…

5　ノズル（回転部分）を握り，徐々に閉める。

第4章●放水中止

6　完全に閉めたら，左手を離さないように滑らせてプレイパイプ上部に戻して握り…

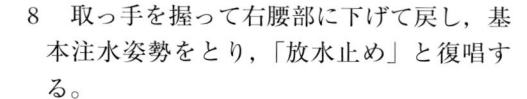

7　右手もプレイパイプを離さないように滑らせて…

8　取っ手を握って右腰部に下げて戻し，基本注水姿勢をとり，「放水止め」と復唱する。

◆2　排水操作要領

1　②の「伝達終わり」の合図で，基本注水姿勢から元金具部を右腰より少し持ち上げ，腋下にしっかり抱え…
　　　ノズル操作要領に準じて行う。

2　右手を筒先から離さないように滑らせて，プレイパイプの中央部付近へ移動して握り，筒先を右腋に抱え…

201

3 つづいて，左手を筒先から離さないように滑らせて…

4 ノズル（回転部分）を握り…

5 筒先を確実に保持しながらノズルを徐々に開き，残圧水を抜き…
　　残圧があるため，反動力に注意する。

6 ノズルを全開しながら，次第に筒先を下方に下げて排水し…
　　ノズルは最大に開く。

7 排水後，（合図により）ノズルを左手で完全に閉め…
　　＊合図「排水中止」

8　左手をノズルからプレイパイプ上部に滑らせて戻して握り…

9　右手でノズルを握り「よし」と合図し…

10　左手をプレイパイプ中央部付近に滑らせて移動し…

11　元金具部を右足きわに置き…

12　筒先を右足きわに立て，同時に左足を右足に引きつけ，火点に向かって姿勢を正す。
　　注水口は握らないものとし，元金具部を右足きわに置いた後，ノズルを握り替えてから立ち上がっても良い。

③ 二番員の操作

> ①の「放水止め」の復唱に「よし」と合図して，とび口をその場に置き，ポンプ方向に向きを変え，延長ホースの左側に沿って伝令停止線内の位置で③に相対して停止し，右手を横水平に上げて「放水止め」と③に伝達し，③が復唱の手を下ろした後，右手を下ろし，後ろ向きをして（右足を引きつけることなく）発進し，延長ホースの左側に沿って①の1歩後方に停止し「伝達終り」と合図し，進行方向に向きを変えて破壊地点にいたり，とび口を右足きわに立てると同時に左足を右足に引きつけて姿勢を正す。

◆1　伝令要領

1　①の「放水止め」の復唱後，とび口を構えた姿勢で「よし」と合図し…

2　折りひざ又は折りひざに準じた姿勢で，とび口を右側に静かに置き…
　　とび口は，火点に対して垂直になるように置き，とび先が左を向くように置く。

3　立ち上がり…

第4章●放水中止

4　ポンプ方向に向きを変え…
　　　両足かかとを軸に方向変換する。

5　かけ足行進の要領で発進し、延長ホースの左側（約1メートル以内）に沿って進み、第2結合部付近から③に相対する位置に最短距離を進み…

6　伝令停止線内の③に相対する位置で停止し、右手を横水平に上げて「放水止め」と合図し…
　　　両足かかとは、伝令停止線上でも踏み越えた位置でも良い。

7　③が復唱後手を下ろしてから右手を下ろし、火点方向に後ろ向きをして（右足は引きつけない）かけ足行進の要領で発進し、第2結合付近から延長ホースの左側（約1メートル）に沿って進み…

8　①の1歩後方で停止し、基本の姿勢で「伝達終わり」と合図する。

伝令経路

1m以内

伝令停止線

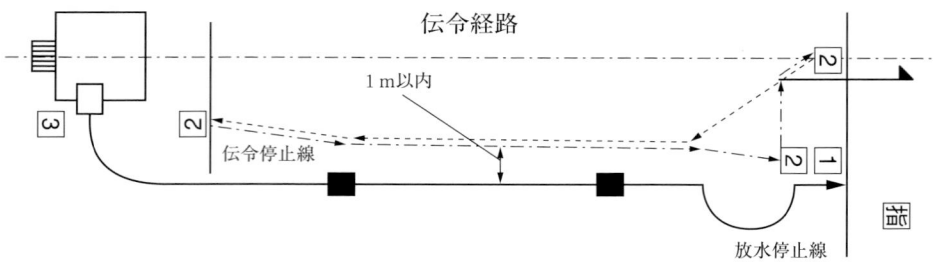

放水停止線

◆2 とび口を立てる要領

1 「伝達終わり」の合図後，破壊地点の方向に向きを変え，かけ足行進の要領で発進し…

　　足は引きつけない。

2 とび口の左側中央部付近に左足前でいたり…

3 折りひざ又は折りひざに準じた姿勢で，右手でとび口柄の中央部付近を握り，左手をその後部に交差させて添えて握り…

4 立ち上がりながら左手を離し，とび口を右足きわに立てると同時に左足を右足に引きつけ，火点に向かって姿勢を正す。

　　柄の端末が地面を引きずらないようにする。

第4章●放水中止

▽4　三番員の操作

> ②の「放水止め」の伝達に右手を横水平に上げて「放水止め」と復唱し，右手を下ろしてポンプ側へ左足を1歩踏み出し，計器に配意しながら一方の手でスロットルを操作し，同時に他方の手で放口コックを徐々に閉じて，火点に向かって基本の姿勢をとる。

◆1　計器配意

　放水中止により，①がノズルを閉めた時点で，各種計器に配意する。

> ノズル閉鎖に伴って，エンジン回転が著しく上昇した場合は，適宜スロットルを操作して調整すること。

◆2　伝令受領要領

　②の「放水止め」の伝達に，右手を横水平に上げ「放水止め」と復唱してから右手を下ろす。

> 復唱時期は，②の呼唱後。

◆3　放水中止操作要領

1　右手を下ろした後，ポンプ側に左足を1歩踏み出し…

2 　計器に配意しながら一方の手でスロットルを操作し，同時に他方の手で放口コックを徐々に閉め…

　　　放口コックは完全に閉める。

3 　左足を右足に引きつけ，火点に向かって基本の姿勢をとり，各種計器に配意する。

第5章 収　納

1　指揮者の操作　＊合図「収納」

> （合図により）火点監視の姿勢から①の方向に向きを変え，「おさめ」と号令し，①が筒先を離脱し背負うのを確認した後，進行方向に向きを変え①とともに発進し，集合指揮位置で停止し，収納状況を監視する。

◆　集合指揮位置移動要領

1　（合図により）火点監視の姿勢から①の方向に向きを変え「おさめ」と号令し…

2　①が筒先を完全に背負うのを確認し…

3　第１線火点側余裕ホースの先端方向に向きを変え…
　　　　足はひきつけない。

4　かけ足行進の要領で発進し…

5　ホースラインの右側を第2結合部をめざして前進し…
　　火点側余裕ホース先端から第2結合部をめざす直線ラインで、1の後方を進む。

6　第2結合部付近をまたぎ…

7　集合指揮位置に、左向け停止の要領で停止し、収納状況を監視する。

2　一番員の操作

指の「おさめ」の号令に「よし」と呼唱し、両手で筒先を第3ホースから離脱してこれを背負い、指とともに発進し、ポンプ右側にいたり、折りひざの姿勢で筒先を元の位置に収め集合線に集合する。

◆1　筒先離脱要領

1　指の「おさめ」の号令に「よし」と呼唱し，筒先を立てた姿勢から…

2　ホースのたるみ部分を伸ばし…

3　右足でホースをまたぎながら斜め右前方に大きく1歩踏み出し…

4　左足でおす金具付近を押さえ…

5　筒先を腹部と大腿部で抱えるようにして…

6　両手で離脱環を引いて筒先を離脱し、左足を離し身体を起こす。

◆2　筒先を背負う要領

1　右手でノズル（回転部分以外）、左手で背負いひもの中央部付近を握り…

2　右手を頭上に…

3　左手を右腋下にして、頭及び左腕を背負いひもにくぐらせ…

4　ノズルが右肩部に、元金具部は左腰部にくるように背負う。

◆3　筒先収納要領

1　筒先を背負った後，姿勢を正し，ポンプ方向に向きを変え，かけ足行進の要領で発進し…

2　火点側余裕ホースの先端を通って，第1ホースの中央付近をめざして進み…

3　第1ホースの中央部付近をまたいで…

4　ポンプ右側の筒先収納位置に，右足前でいたり…
　　　回り込んで良い。

◆4　筒先をおろす要領

1　左手で取っ手近くのプレイパイプを持ち…
　　　立った姿勢でも折りひざの姿勢でも良い。

2　背負いひもを右手で持って頭をくぐらせておろし…

3　折りひざの姿勢で元の位置に収める。
　　ノズルの回転部分以外を持って両手で収める。

4　筒先を収めた後，立ち上がり姿勢を正す。

◆5　集合線移動要領

　集合位置の方向に向きを変え，かけ足行進の要領で発進し，集合線上に右向け停止の要領で集合する。
　　集合線内にかかとを入れる。

第5章●収　納

▽3　二番員の操作

> 指の「おさめ」の号令に「よし」と呼唱し，とび口を少し浮かし，後ろ向きをしながら左手に持ちかえて左腋下に抱え，とび口収納位置にいたり，両手でとび口収納位置に収め，集合線に集まる。

◆1　とび口収納要領

1　指の「おさめ」の号令に「よし」と呼唱し，とび口を少し浮かせ…

2　後ろ向きの要領で…

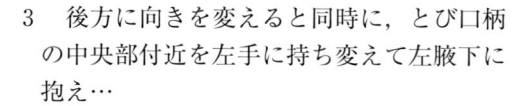

3　後方に向きを変えると同時に，とび口柄の中央部付近を左手に持ち変えて左腋下に抱え…
　　とび口は斜め下に向けて抱え，とび先は下を向く。

4　とび口搬送姿勢に準じて，かけ足行進の要領で発進し…

● | 215

5　最短距離でとび口収納位置に左足前でいたり…

6　火点方向に向きを変え…

7　左ひざをついた折りひざの姿勢で，両手で元の位置に収め…

8　立ち上がり姿勢を正す。

◆2　集合線移動要領

　集合位置の方向に向きを変え，かけ足行進の要領で発進し，集合線上に左向け停止の要領で集合する。
　　集合線内にかかとを入れる。

第5章● 収　納

▽④　三番員の操作

> 指の「おさめ」の号令に「よし」と呼唱し，エンジンを停止し，ホースを離脱して余裕ホースを伸長させた後，集合線に集まる。

◆1　エンジン停止要領

1　指の「おさめ」の号令に「よし」と呼唱し，左足を1歩踏み出して…

2　エンジンを停止させる。

◆2　第1結合離脱要領

1　エンジン停止後，めす金具を両手で持ち，離脱環を手前に引いてホースを離脱し…

2　余裕ホースがおおむね一直線になるように伸長し…

　　吸管が障害となる場合は，余裕ホースを右側に反らせても良い。

● | 217

3 めす金具及びその付近を両手で静かに置き…

 水が漏れないようにめす金具付近を折り返して置く。
 後方に伸ばす場所が無い場合は，折り返しを大きく取って良い。

4 立ち上がり姿勢を正す。

◆3 集合線移動要領

集合位置の方向に向きを変え，かけ足行進の要領で発進し，集合線上に右向け停止の要領で集合する。

各操作員の収納経路

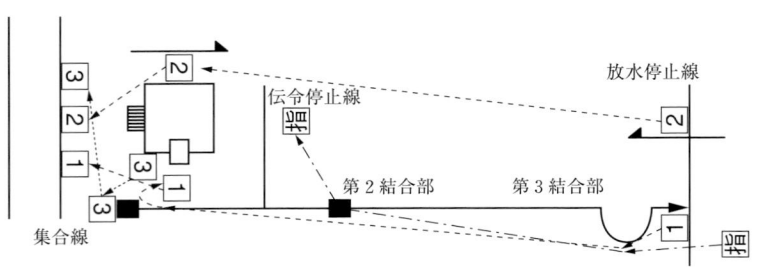

第6章 身体・服装の点検

> **指揮者** 各隊員の収納操作終了後,集合指揮位置で負傷の有無及び服装の乱れを点検し整える。
> **各隊員** 使用資器材の収納操作終了後,集合線上で,負傷の有無及び服装の乱れを点検し整える。

◆1　点検の時機

1　指揮者は,最終番員が集合線に入った後,集合指揮位置で服装点検を実施する。
2　各隊員は,集合線上に入り基本の姿勢をとった後,服装点検を実施する。

◆2　点検要領

1　負傷の有無並びに服装の乱れを点検し,整える。
　　ヘルメット
　　　　曲がり,あごひも等

2　ゼッケン
　　　　曲がり,結着ひも等

3 上衣
　　ボタン，だぶつき等

4 ズボン
　　バンド，ボタン等

5 くつ
　　くつひも等

◆3　整頓要領

1　各隊員はそれぞれ，服装点検終了後基本の姿勢をとり，最後の隊員が服装点検を終了して基本の姿勢をとったら…

2　①③が②を基準に，自発的整とんを行う。
　　整とん要領は「集合」時の要領に準じて行う。
　　整とん時，①が小声で合図を出しても良い。

第7章 報告・解散・撤収

Ⅰ 点検報告

> **指揮者** 各隊員が自発的整とん後,「点検報告」と号令し,各隊員の点検結果の報告に対しそれぞれ「よし」と呼唱して受領する。
> **各隊員** 指の「点検報告」の号令で①から③まで順次指に相対し,基本の姿勢で「〇番員異常なし」と報告する。

◆1 点検報告受領要領

指揮者は,各隊員が自発的整頓後,基本の姿勢をとった後,「点検報告」と号令し,各隊員の結果報告に対し,「よし」と呼唱する。

◆2 点検報告要領

1 指の「点検報告」の号令で,①から順に指の方向に向きを変え,基本の姿勢で「〇番員異常なし」と報告する。

2 指の「よし」の呼唱後,正面に復す。

3 各隊員の報告間隔の斉一を期するため，相互に呼吸を合わせ，報告終了者（正面に向きを変える）と報告開始者（指揮者に向きを変える）の動作は，タイミングよく行うこと。

② 終了報告

指揮者 報告受領者の方向に後ろ向きをして向きを変え，かけ足行進の要領で発進し，報告受領者前方5メートルの位置で報告受領者に相対して停止し，挙手注目の敬礼を行い「○○消防団，小型ポンプ操法を終了しました。」と報告し，挙手注目の敬礼を行った後，後ろ向きを行い集合指揮位置の方向に，かけ足行進の要領で発進し，集合指揮位置に戻り，各隊員に正対して停止する。
各隊員 指の終了報告中は基本の姿勢で待つ。

◆1 終了報告要領

1 開始報告要領に準じて行い「○○消防団，小型ポンプ操法を終了しました。」と報告して，挙手注目の敬礼を行い…

2　集合指揮位置の方向に後ろ向きをして向きを変え…
　　　　足を引きつける。

3　かけ足行進の要領で発進し，集合指揮位置に停止し，隊員に正対する。

◆2　各隊員の要領

指の終了報告中は基本の姿勢で待つ。

▽3　解　散

指揮者　各隊員に対し，「わかれ」と号令し，答礼する。
各隊員　指の「わかれ」の号令により，一斉に指の方向に左（右）向けの要領で向きを変えて正対し，挙手注目の敬礼を行う。

◆1　指揮者の要領

基本の姿勢で「わかれ」と号令し，各隊員の敬礼後，挙手注目の敬礼を行って答礼し，解散させる。

◆2　各隊員の要領

1　指の「わかれ」の号令で，一斉に右（左）向けの要領で向きを変え，指に正対して一斉に挙手注目の敬礼を行い…

2　指の答礼が終わった後，一斉に手を下ろし，右（左）向けの要領で向きを変え正面に復し，解散する。

▽④　撤　収

> 指揮者　各隊員に対し，「撤収」と号令し，資器材を撤収する。
> 各隊員　指の「撤収」の号令により，各資器材を撤収する。

◆　撤収要領

1　指揮者は「わかれ」と号令して，各隊員が敬礼後正面に復した後，ただちに「撤収」と号令し，撤収させる。
2　各隊員は指の「撤収」の号令により，撤収作業を行う。
　　撤収作業は操作員に限らなくても良い。

◆ 資　料

資料1　注水方向（姿勢）変換

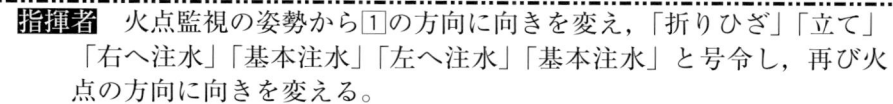

> **指揮者**　火点監視の姿勢から①の方向に向きを変え，「折りひざ」「立て」「右へ注水」「基本注水」「左へ注水」「基本注水」と号令し，再び火点の方向に向きを変える。
> **1・2番員**　指の号令により注水方向の変換動作を行う。
> **3番員**　計器等に配意しながら送水を続ける。

◆1　指の要領

1　②がとび口を構えたら，①の方向に度の深い左向けを行い，基本の姿勢で号令する。

2　すべての注水方向変換が終了した時点で火点に向きを変え，火点の状況を監視する。

◆2　①②の要領

1　「折りひざ」
　①は右ひざをついた折りひざ。
　②はそのままの姿勢。

2 「立て」
　[1]は基本注水姿勢に戻る。
　[2]はそのままの姿勢。

3 「右へ注水」
　[1][2]は右足を軸に左足を右へおおむね15°踏み出す。

4 「基本注水」
　[1][2]は右足を軸に左足を左へおおむね15°踏み出す。

5 「左へ注水」
　[1][2]は右足を軸に左足を左へおおむね15°踏み出す。

6 「基本注水」
　[1][2]は右足を軸に左足を右へおおむね15°踏み出す。

資料1 ●注水方向（姿勢）変換

◆3　3の要領

各種計器に配意しながら送水を続ける。

第3編 ● 小型ポンプ操法

資料2　　全部の収納要領

▽　指揮者の操作　＊合図「収納」

（合図により）火点監視の姿勢から，①の方向に向きを変え，「おさめ」と号令し，①が筒先を離脱し，背負うのを確認した後，第3結合部にいたり，第2ホースのおす金具付近を左足で押え，両手で結合を離脱してその場に置く。つづいて，第2結合部にいたり，第1ホースのおす金具付近を左足で押え，両手で結合を離脱してその場に置き，第1ホースをおす金具からうず巻きにして元の位置に置き，操作指揮位置（ポンプ側方4メートル，ポンプ前方5メートル）に移動し，各隊員の収納操作を監視し，全隊員の収納操作の終了を確認した後，集合指揮位置に移動し停止する。

◆1　収納下命要領

（合図により）火点監視の姿勢から①の方向に向きを変え「おさめ」と号令する。

◆2　第3結合部離脱要領

1　①が筒先を完全に背負うのを確認した後，進行方向に向きを変え…

　　　足はひきつけない。

資料2 ●全部の収納要領

2　かけ足行進の要領で発進し…

3　延長ホースの右側を最短距離で…
　　　余裕ホースはまたがない。

4　第3結合部に正対するように右向け停止
　　の要領でいたり…
　　　両足は平行に開く。

5　左足でおす金具付近を押え…

6　両手で離脱環をひいて離脱し，左足を
　　ホースから離し，めす金具を静かに置き…
　　　ホースによじれがある場合は修正する。

7　身体を起こす。

◆3　第2結合部離脱要領

　第2結合部の方向に向きを変え，かけ足行進の要領で発進し，第2結合部付近にいたり，第3結合部離脱要領に準じて離脱操作を行う。

◆4　ホースうず巻き要領

1　離脱後立ち上がることなく第1ホースのおす金具から中腰の姿勢で…

2　ホース内の残水を押し出すように，できる限り凹凸のないように…

3　うず巻きに巻き…

4 折りひざ又は折りひざに準じた姿勢で右手でめす金具，左手でめす金具の反対側を持ってひきずることなくめす金具が右側にくるように寝かせて置き…

5 凹凸の部分を両手で体重を利用して修正する。

◆5　ホースの搬送要領

1 折りひざ又は折りひざに準じた姿勢で右手でめす金具，左手でめす金具の反対側を持って…

2 めす金具が上部斜め前方になるように左肩上に乗せ，めす金具を左手に持ち変え…

3 左手でめす金具部を保持すると同時に右手をおろし，立ち上がり…

4 進行方向に向きを変え，かけ足行進の要領で発進し，ホースを収納する位置にいたる。

◆6　ホースの収納要領

1 折りひざ又は折りひざに準じた姿勢でめす金具を持った左手を前方へ下げると同時に右手にめす金具を持ち変え左手でめす金具の反対側を保持し…

2 めす金具が右側にくるように寝かせて置き立ち上がる。
　　　ホースはポンプ側から順に置く。

◆7　操作指揮位置への移動要領

1 操作指揮位置の方向に向きを変えかけ足行進の要領で発進し…
　　　足はひきつけない。

2 操作指揮位置に左向け停止の要領で停止し，基本の姿勢で監視する。

資料2 ●全部の収納要領

② 一番員の操作

指の「おさめ」の号令により，右足でホースをまたぎ，左足でホースのおす金具付近を押え，両手で筒先を第3ホースから離脱して背負い，第3ホースのおす金具を両手で持って余裕ホースを伸長した後，おす金具からうず巻きにして左肩にかつぎ，確実に保持してホースを収納する位置にいたり，ホース及び筒先を元の位置におさめる。つづいて第2ホースをおす金具からうず巻きにし，元の位置におさめる。

◆1 筒先離脱要領

1　指の「おさめ」の号令により筒先を立てた姿勢から…

2　ホースのたるみ部分を伸ばし…

3　右足でホースをまたぎながら斜め右前方に大きく1歩踏み出し…

4　左足でおす金具付近を押え…

5　筒先を腹部で押えるようにして…

6　両手で離脱環をひいて離脱し，左足を離す。

◆2　筒先を背負う要領

1　右手でノズル（回転部分以外），左手で背負いひも中央部を握り…

2　右手で頭上に…

資料2 ●全部の収納要領

3　左手を右脇下にして，頭及び左腕を背負いひもにくぐらせ…

4　ノズルが右肩部に元金具部は左腰部になるように背負う。

◆3　余裕ホース伸長要領

1　折りひざに準じた姿勢で両手でおす金具を持って…

2　余裕ホースを伸長する。

◆4　ホースうず巻き要領

指のホースうず巻き要領に準じて行う。

◆5　筒先及び第3ホースの搬送要領

1　折りひざ又は折りひざに準じた姿勢で，右手でめす金具，左手でめす金具の反対側を持って…

2　めす金具が上部斜め前方になるように左肩上に乗せめす金具を左手に持ち変え…

3　左手でめす金具部を保持すると同時に右手をおろし立ち上がり…

4　進行方向に向きを変え，かけ足行進の要領で発進し，第2ホースの左〔右〕側を最短距離で…

5　右〔左〕向け停止の要領で右〔左〕足を後方にひき，ホースを収納する位置にいたり…

資料2 ●全部の収納要領

6　折りひざ又は折りひざに準じた姿勢でめす金具を持った左手を前方へ下げると同時に右手でめす金具を持ち変え，左手でめす金具の反対側を保持し…

7　めす金具が右側にくるように寝かせて置く。
　　　ホースはポンプ側から順に置く。

◆6　筒先の収納要領

1　折りひざ又は折りひざに準じた姿勢のまま筒先をおろし…
　　　ホース延長時の㊨の筒先をおろす要領に準じて行う。

2　元の位置に置き立ち上がる。

◆7　第2ホースの収納要領

1　右〔左〕に向きを変え，かけ足行進の要領で発進し，第2ホースの左〔右〕側を通り…

2 第2ホースのおす金具部に右〔左〕向け停止の要領で右〔左〕足を後方(火点側)にひき,ポンプ方向を向いた姿勢でいたり…

3 ホースをうず巻きにして…
   第3ホースのうず巻き要領に準じて行う。

4 ホースを左肩にかつぎ後,右手をおろし立ち上がり,ホースを収納する位置へ最短距離で進める方向に向きを変え,かけ足行進の要領で発進する。

5 元の位置におさめ,必要によりホース及び筒先の収納位置の修正を行う。
   第3ホースの収納要領に準じて行う。

資料2 ●全部の収納要領

▽③　二番員の操作（〔　　〕は，左側放口の動きを示す）

指の「おさめ」の号令により，とび口を少し浮かして後ろ向きをしながら左手に持ち変え，左脇下に抱え，（右足をひきつけることなく）とび口を収納する位置にいたり折りひざの姿勢でとび口を元の位置におさめる。つづいてポンプ後方の枕木位置にいたり，折りひざの姿勢で枕木を取外してわきに置き，控綱を両手でたぐりながらストレーナー方向にいたり，控綱根元付近を右手で持って③の吸管補助完了後，「よし」と合図して吸管を水利から引き上げ，その場に置く。つづいてポンプにいたり結着した控綱を解き，ストレーナー部の方向に向きを変えてたぐり，折りひざの姿勢でストレーナー部に取付けた後，両手でストレーナー部を腹部まで持ち上げ③の「よし」の合図で，吸管のよじれをとりながら吸管が直伸する位置までさがり吸管をその場に置き，③の2歩後方の位置にいたり，吸管をまたぎ両手で吸管を持ち，両足で吸管を支えて③の吸管離脱の補助にあたり，③の「よし」の合図で③と協力して排水操作（2回実施）を行った後，吸管を輪状にして元の位置におさめ，吸管バンドを取付け，枕木を元の位置におさめる。

◆1　とび口収納要領

1　指の「おさめ」の号令によりとび口を少し浮かし…

2　後ろ向きの要領で…

3 向きを変えながらとび口柄の中央部を左手で持ち変え…

4 とび口搬送姿勢と同じ要領で左脇下に抱え，かけ足行進の要領で発進し…

5 とび口を収納する位置の右側に最短距離で〔ホースをまたぎ〕左足前でいたり…

6 火点方向に向きを変え…

7 左ひざをついた折りひざの姿勢で，両手で元の位置に静かにおさめ，立ち上がる。

資料2 ●全部の収納要領

とび口搬送経路

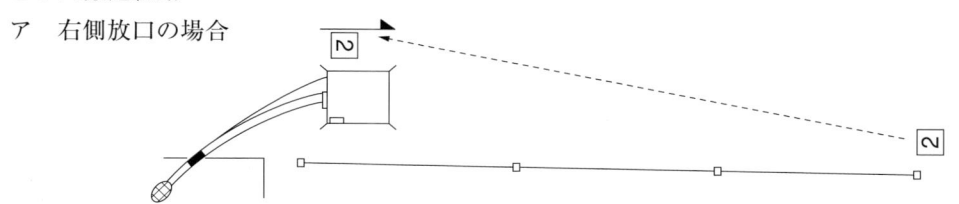

ア　右側放口の場合

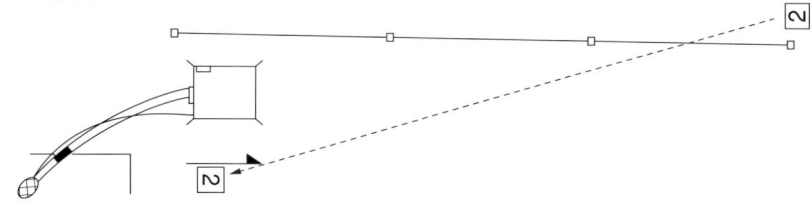

イ　左側放口の場合

◆2　枕木を取外す要領

1　水利方向に向きを変え…

2　かけ足行進の要領で発進し、〔吸管接地部分をまたぎ〕枕木位置に右足前でいたり…

3　左ひざをついた折りひざの姿勢で枕木のバンドを外し…

4 右手で吸管を持ち,左手で枕木を操作の支障とならない位置に置く。

◆3 吸管引上げ要領

1 中腰の姿勢で両手で控綱をたぐり,吸管を水利ぎわまで引き寄せながらストレーナー方向に移動し,左足を後に引き,右手で控綱根元付近を持ち…

2 「よし」と合図し,③と協力して,吸管を水利から引上げると同時に右足を半歩ひいて…

> 吸管引上げは③と共同で行うものであり,単独行動はとらない。

3 真っすぐになるようにその場に置く。
> ③と十分呼吸を合わせて静かに置く。

◆4 控綱の収納要領

1 吸管引上げ後,身体を起こし…

資料2 ●全部の収納要領

2 控綱結着位置の方向に向きを変え…

3 かけ足行進の要領で発進し，吸管左側に沿って〔吸管の中央部をまたぎ〕控綱結着位置にいたり…

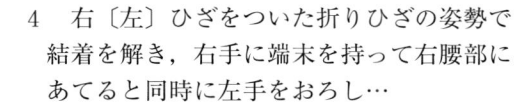

4 右〔左〕ひざをついた折りひざの姿勢で結着を解き，右手に端末を持って右腰部にあてると同時に左手をおろし…

5 立ち上がりストレーナー方向に向きを変え…

6 端末を左手に持ち変え，収納に便利なように順次控綱を輪状にしながら，ストレーナー方向に移動し〔吸管をまたぎ〕…

7　左ひざをついた折りひざの姿勢で…

8　ストレーナー部に取付ける。

◆5　吸管直伸要領

1　控綱取付後，吸管を両手と腹部で抱え，立ち上がり…

2　③の「よし」の合図で，③と協力して吸管のよじれをとりながら，左足から2歩半で後退し…
　　ひきずらないように体重をストレーナー側にかけて後退する。

3　一直線となるように伸長し…

4 ③と呼吸を合わせて静かに置き身体を起こす。

◆6 吸管離脱の補助要領

1 ポンプ方向に向きを変え…

2 かけ足行進の要領で発進し③の2歩後方の位置に左足前でいたり，右足で吸管をまたぎ…

3 同時に両手で吸管を持ち上げ両足のふくらはぎで吸管をはさみ…
　　両足かかとを接する。

4 左手を吸管の下側，右手を吸管の上に添えて補助する。

◆7　吸管排水要領

1　吸管離脱完了後，3の「よし」の合図で吸管をおろすことなく左足を軸に右足で吸管をまたぐと同時に…

2　ストレーナー方向に向きを変え…

3　吸管を両手で左脇に抱えるようにして順次移動しながらストレーナー部のおおむね1メートル手前まで進み…
　　ストレーナー部の先端は地面につけておく。

4　吸管をその場に置き3の方向に向きを変え…

5　かけ足行進の要領で発進し，3のおおむね1歩手前に右向け停止の要領でいたり…

資料2 ●全部の収納要領

6 再びストレーナーの方向に向きを変え，吸管を両手で左脇に抱えるようにして順次移動しながらストレーナー部のおおむね1メートル手前まで進み吸管をその場に置く。

◆8 吸管収納要領

1 吸管排水後ストレーナー部を両手で持ち上げ…

2 吸管の左〔右〕側にストレーナー部を置くように輪状をつくり…
   輪が崩れないように左手でストレーナー部を手前側に巻き込むように保持する。

3 ③に渡し，再びストレーナー部を両手で持ち上げ，輪状にした吸管を共に保持し…

4 右〔左〕側へ寝かせ，左〔右〕ひざをついた折りひざの姿勢で整理した後…

5 両手で腹部に抱えるように持ち上げながら立ち、収納する方向へ向きを変え…

  右〔左〕手は輪の内側から、左〔右〕手は輪の外側から確実に保持する。

6 収納する位置へ搬送し、右〔左〕ひざをついた折りひざの姿勢で静かに置き…

7 ストレーナー側の吸管バンドを取付ける。

◆9 枕木収納要領

1 吸管収納後立ち上がり、枕木方向に向きを変え…

2 かけ足行進の要領で発進し、枕木位置に右足前でいたり…

資料2 ●全部の収納要領

3 左ひざをついた折りひざの姿勢で，枕木を両手で持って，左腰部にあて，立ち上りながら右手をおろし…

4 収納する方向に向きを変え…

5 かけ足行進の要領で発進し，枕木収納位置にいたり…

6 左〔右〕ひざをついた折りひざの姿勢で枕木を両手で静かに収納する。

④ 三番員の操作（〔　〕は，左側放口の動きを示す）

　指の「おさめ」の号令により，エンジンを停止し（さわる程度で良い）第１結合を離脱して余裕ホースを伸長し，吸管投入位置からおおむね２メートルの吸管左側の位置にいたり，両手で吸管を持ち，②の「よし」の合図で吸管引上げに協力し，一旦その場に置いた後吸管中央部右側の位置にいたり，②が控綱を処理するのを待って吸管を両手と腹部で抱え，「よし」と合図し②と協力して吸管を適宜回してよじれをとりながら直伸する位置まで進み吸管を置き，吸管結合部にいたり，吸口に面して吸管をまたいで両足で支え結合を離脱し，「よし」と合図する。つづいて，排水操作（２回実施）を行い吸管を元の位置におさめて吸管バンドを取付けた後，吸口覆冠をつける。

◆１　第１ホースの離脱要領

１　「おさめ」の号令でポンプ側に左〔右〕足を１歩踏み出し…

２　エンジンを停止し（さわる程度で良い）両手で離脱環を手前にひいて離脱し…

３　離脱後，めす金具部を両手で保持し…

4 余裕ホースがおおむね一直線になるように伸長し…

5 めす金具部を両手で静かに置き，身体を起こす。

◆2 吸管引上げ要領

1 吸管方向に向きを変え…

2 吸管投入位置からおおむね2メートルの吸管左側の位置に吸管をまたぎ…
　　〔かけ足行進の要領で発進し，吸管投入位置からおおむね2メートルの吸管左側の位置に進み…〕
　　吸管をまたぐ場合ポンプ側に移動するときは左足から，ストレーナー側に移動するときは右足から吸管をまたぐ。

3 吸管に面し〔吸管に面していたり〕…
　　2の到着を待つ。

4 ②が控綱の根元付近を持った時点で，左足を後にひきながら両手で吸管を保持し…

5 ②の「よし」の合図で，吸管を抱えるように両手で腹部まで持ち上げると同時に，右足を半歩ひきながら左足を軸にしてストレーナー方向に向きを変え…

6 真っすぐになるようにその場に置き…
　②と十分呼吸を合わせて静かに置く。

7 立ち上がりながら左に向きを変え吸管に面する。

◆3　吸管直伸要領

1 吸管をまたぎ，吸管の右側中央部に吸管に面していたり…

資料2 ●全部の収納要領

2 　２の控綱の処理状況を見守り…

3 　２に合わせて吸管を抱えるように両手で腹部まで持ち上げると同時にストレーナー方向に向きを変え…
　　　吸管を保持する時機は２が折りひざの姿勢になったとき。

4 　「よし」と合図し，２と協力して吸管のよじれをとりながら，右足から小さく2歩半前進し…
　　　ひきずらないように体重をストレーナー側にかけて前進する。

5 　一直線となるように伸長し…

6 　２と呼吸を合わせて静かに置いて立ち上がる。

◆4　吸管離脱要領

1　吸口方向に向きを変え…

2　かけ足行進の要領で発進し，吸管結合部に右足前でいたり，左足で吸管をまたぎ…

3　同時に両足のふくらはぎで吸管をはさみ…

　　両足かかとを接する。

4　両手で結合金具を回して離脱し，「よし」と合図する。

◆5　吸管排水要領

1　吸管をおろすことなく，左足を軸に右足で吸管をまたぐと同時に…

2　ストレーナー方向に向きを変え…

3　吸管を両手で左わきに抱えるようにして，ストレーナー側へ残水を送り出す。
　　左手は結合金具付近を抱え，右手は結合金具からおおむね1メートル付近の吸管を持つ。②と協力して2回行う。

◆6　吸管収納要領

1　吸管排水後，結合金具付近を左手で持ち…

2　②から渡された吸管を受け取り…

3　右〔左〕側へ寝かせ右〔左〕ひざをついた折りひざの姿勢で整理した後…

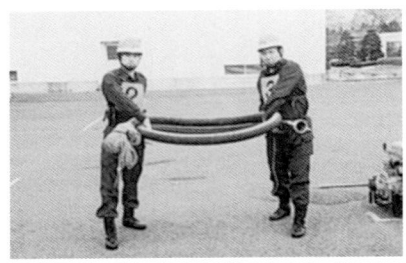

第3編●小型ポンプ操法

4 両手で腹部に抱えるように持ち上げながら立ち，収納する方向へ向きを変え…
　　左〔右〕手は，輪の内側から，右〔左〕手は輪の外側から確実に保持する。

5 収納する位置へ搬送し，左〔右〕ひざをついた折りひざの姿勢で静かに置き…

6 結合金具側の吸管バンドを取付け…

7 立ち上がり，左〔右〕に向きを変え…

8 かけ足行進の要領で発進し，吸口に左〔右〕向け停止の要領で左〔右〕足を後方に引き，いたり…

9　折りひざの姿勢で吸口覆冠を両手で取付ける。

茨城県
消防ポンプ操法の手引　全訂版

平成元年5月31日	初版発行
平成12年4月10日	再版発行
平成15年7月30日	全訂版発行
平成15年9月20日	全訂版再版発行
平成16年6月10日	全訂版三版発行
平成18年2月5日	全訂版四版発行
平成19年10月25日	全訂版五版発行
平成21年3月31日	全訂版六版発行
平成21年9月30日	全訂版七版発行
平成22年9月1日	全訂版八版発行
平成23年6月15日	全訂版九版発行
平成24年3月30日	全訂版十版発行
平成25年3月31日	全訂版十一版発行
平成26年1月31日	全訂版十二版発行
平成27年2月28日	全訂版十三版発行
平成27年10月20日	全訂版十四版発行
平成29年4月10日	全訂版十五版発行
平成29年10月5日	全訂版十六版発行
令和元年5月30日	全訂版十七版発行
令和2年2月10日	全訂版十八版発行
令和4年5月30日	全訂版十九版発行
令和5年6月30日	全訂版二十版発行
令和7年2月10日	全訂版二十一版発行

監　修　茨城県立消防学校
編　著　消防ポンプ操法研究会

発　行　ぎょうせい

本　部　東京都江東区新木場1丁目18−11
関東支社　東京都江東区新木場1丁目18−11
〒136-8575 TEL 03-6892-6231
URL：https://gyosei.jp

(5106571-00-000)

Ⓒ2003 Printed in Japan

〔略号：茨城ポンプ　全訂〕